图书在版编目（CIP）数据

深圳住房制度和房价调控 / 张思平著 . —北京：国家行政管理出版社，2019.5（2021.3 重印）

ISBN 978-7-5150-2338-0

Ⅰ . ①深… Ⅱ . ①张… Ⅲ . ①住房制度改革—研究—深圳②房价—物价调控—研究—深圳 Ⅳ . ① F299.276.53

中国版本图书馆 CIP 数据核字 (2021) 第 036612 号

书　　名　深圳住房制度和房价调控
　　　　　SHENZHEN ZHUFANG ZHIDU HE FANGJIA TIAOKONG
作　　者　张思平 著
责任编辑　陈 科
出版发行　国家行政管理出版社
　　　　　（北京海淀区长春桥路 6 号　100089）
综 合 办　（010）68928903
发 行 部　（010）68922366　68928870
经　　销　新华书店
印　　刷　中煤（北京）印务有限公司
版　　次　2019 年 5 月北京第 1 版
印　　次　2021 年 3 月北京第 2 次印刷
开　　本　145 毫米 ×210 毫米　32 开
印　　张　9.125
字　　数　179 千字
定　　价　80.00 元

目 录

前 言

2018年是中国改革开放40周年，作为邓小平创建的最成功的中国经济特区，深圳走过了波澜壮阔的40年历史征程。改革开放使深圳不仅在经济上创造了世界工业化、城市化的奇迹，把一个几万人的边陲小镇发展成经济实力位于全国前三甲的2000万人的现代化大都市，而且以敢闯敢试的改革创新精神，为中国的改革开放和市场经济体制的建立和完善积累了许多宝贵经验，作出了重要贡献。但同时，在改革开放的伟大历史变革中，在40年市场经济体制艰苦探索和实践过程中，由于种种原因，深圳也出现过一些不足和失误，一些重大改革也经历过不断反复甚至被颠覆的曲折过程。在纪念改革开放40年之际，既需要充分肯定深圳改革开放和市场经济体制建立的基本经验，也需要客观、实事求是地总结、分析在改革探索过程中存在的不足和失误。不管是成功还是不足和失误，都是深圳为国家改革开放伟大事业留下的宝贵经验教训。

住房制度改革，尤其是住房保障制度的建立，是社会主义市场经济体制建立和完善的重要组成部分，是事关经济社会发展稳定和人民安居乐业的重要改革。深圳在20世纪80年代至90年代初发挥敢为天下先的精神，在住房货币化、商品化的改革中，率先突破计划经济体制的束缚，为全国住房制度改革提供了宝贵的经验。遗憾的是，21世纪初以来，深圳住房制度改革发生了颠覆性的错误，导致深圳商品房价格一路狂涨，深圳成了全世界“最难买得起楼”的城市，住房保障制度的缺失和畸高的房价，给深圳经济发展和社会稳定造成重大的影响。虽然近期深圳市政府出台了被官方媒体称之为“二次房改新政”的文件，制定了到2035年深圳住房供应和保障的意见，对前若干年深圳住房保障制度改革的方向有所纠偏，提出了一些具有一定积极意义的政策措施，但总的来说，所谓深圳二次房改新政思路不清、定位不准，在保障对象、范围、水平等重大问题上存在着严重缺陷，一些重大政策措施的科学性、可行性也明显不足，这使未来深圳住房制度改革存在着极大的不确定性。

出于对深圳改革事业的情怀和对当前改革形势的关切，本书试图从7个方面客观地、实事求是地总结分析40年来深圳在住房保障制度和商品房价格调控中的经验教训，分析其利弊得失，并针对近期深圳市政府发布的所谓“二次房改”新政，提出进一步创新深圳住房保障制度、完善商品房价格调控机制的一些意见和建议。由于本人过去对深圳住房保障制度改革缺乏系统的跟踪研究，也未深度参与住房制度改革和住房体系建设的实践，因此所提意见和建议未必客观正确。

一 “最难买得起楼”的城市：深圳畸高房价的形成

在 40 年改革开放和经济社会发展过程中，深圳在高科技、金融、现代物流、城市基础设施建设等诸多领域取得了骄人的辉煌成就，创造了很多全国第一和世界奇迹。与此同时，深圳的商品房价格在经历了 20 世纪末期 20 多年的平稳上涨之后，从 21 世纪初到 2016 年启动价格管制，也仅仅用了 10 年左右的时间，便进入全球大城市房价的前列，2016 年上半年以 38.36 的房价收入比①被国际货币基金组织列为全球“最难买得起楼”的城市。（图 1–1）

（一）十年涨十倍：深圳房价快速上涨的六个阶段

从 20 世纪 80 年代初特区建设开始到 21 世纪初上千万人口的国际化大城市形成，在深圳经济高速增长的 20 多年内，深圳率先在全国进行住房制度改革，第一个打破计划经济条件下福利分房的旧体制，走上了适应市场经济发展、政府发挥住房保障的主导作用之路，实现了住房货币化、商品化、市场化，

① 所谓房价收入比，是指住房价格与城市居民家庭年收入之比。

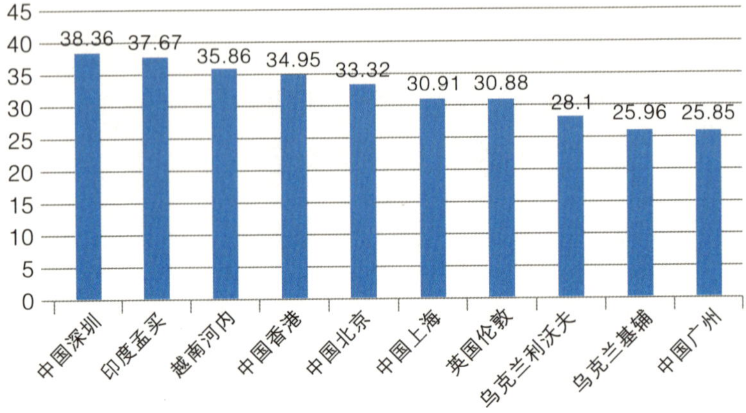

图 1-1　2016 年上半年全球房价收入比最高的十座城市

数据来源：国际货币基金组织

为国家住房制度改革提供了改革经验，为深圳特区建设者提供了不同水平的住房保障，保证了经济社会的快速健康发展。

与此同时，在住房制度改革和房地产市场发展的较长时间内，深圳的房价一直是平稳有序、价格不高、增长缓慢，大体上与经济发展水平和市民生活水平相适应，深圳市民从整体上讲对房价和住房条件的感受没有像当前这样焦虑，压力这样沉重。20 世纪 80 年代末 90 年代初深圳推出的“双轨三类多价”①的住房制度，基本上解决了不同群体对住房的基本

① 即保障性住房和商品性住房双轨并行，分别由政府部门和房地产开发商开发。政府为党政事业单位职工和需要重点扶持企业的职工提供福利、微利商品房，开发商则完全按市场价提供商品房。未被覆盖到的中低收入者则居住在当地的自建房里。

需求。虽然当时不同群体的居住条件和环境不如当今，在福利商品房、微利商品房分配中也存在不公平现象，但总的来说，住房问题并没有成为经济社会发展中尖锐突出的矛盾。

尤其需要指出的是，虽然深圳是全国第一个实行土地使用权拍卖和住房商品化的城市，但在相当长时期内土地价格并没有暴涨，房地产企业并没有获得特别高额的利润回报。正常的房地产开发每平方米利润不足1000元，商品房价格增长幅度基本在5%以下，2000年以前原特区内商品房每平方米大体在4000元左右，到2004年前后，即使城市中心区的商品房价格也大体上在每平方米6000元，原特区外的一些商品房价格更低一些。应该说在2004年之前，深圳不仅房地产一直健康有序发展，而且整个经济在以两位数高速增长。深圳制造业快速发展，与珠三角其他地区一起成为“世界工厂”的重要组成部分，高新技术企业、港口和现代物流企业也在崛起之中，深圳特区基本上实现了工业化、城市化、现代化的初步目标。

从2000年开始，深圳的住房制度改革逐步发生了方向性改变。在国家层面，为了应对1998年亚洲金融危机，确立了以房地产作为支柱产业的新的产业政策，从而拉动经济的持续增长。为配合房地产支柱产业的快速形成和发展，国家对住房制度改革做了重要决策，要求各地一律取消福利性住房建设和分配，停止各单位自建住房。在国家将房地产作为支柱产业扶持和停止福利保障住房的大环境下，深圳住房制度改革的方向也发生了改变，基本放弃了坚持多年的“双轨三类多价制”住房保障制度模式，并从 2003 年开始全面停止政府机关事业单位福利房和企业微利房的建设，只保障户籍人口中享受低保的几千户少数“双困”家庭的廉租房。

从 2003 年到 2005 年深圳的商品房市场通过三年左右一个周期的建设得到迅速增长，房地产业在经济总量中占比达到 10% 左右，成为深圳名副其实的支柱产业，为亚洲金融危机后深圳经济的平稳增长起到了重要的基础作用。与此同时，从 2005 年开始深圳的房价也进入高速增长的轨道，仅用十年左右的时间深圳已经成为全球房价最贵的城市。深圳房价的快速上涨大体经历了六个不同的阶段：

1. 2005 年至 2007 年房价万元跨越阶段

从 2000 年到 2003 年深圳的房价大体上为每平方米 5000 元左右，平均每年增长约 5%。2004 年涨幅达到 9.19%，接近两位数。2005 年下半年，深圳房价像脱缰的奔马，开始向万元跨越。2006 年涨幅达 31.36%。2007 年甚至达到 45.48%，当年深圳房价一举跨过万元大关，达到每平方米 13370 元。房价三年内翻了一番。随着房价跨越 1 万元,居民购买压力剧增，深圳中等收入家庭已经无力购买市场商品房了。根据深圳统计数据测算，2006 年深圳购房月还款额占家庭可支配收入的比例低于 30% 的群体，包括中等偏上以及高收入家庭，到 2007 年中等偏上收入家庭的购房款占家庭可支配收入比例已经超过

30%，有能力购买商品房的仅剩下高收入及最高收入家庭的群体了。[①]此时房价上涨远远超过了居民的经济可承受能力，从此“高房价”成为深圳市民生活中的突出矛盾之一。

2. 2008 年全球金融危机后的房价短暂调整时期

2007 年深圳房价跨越万元之后，美国次贷危机引发的全球金融危机，对中国经济尤其是深圳的经济发展带来巨大冲击，因为深圳经济发展与世界经济联系最为紧密，外向型程度高，进出口贸易在国家大城市中常年名列第一，其进出口贸易总额曾经占到全国的 20%。深圳的外向型经济体系和市场机制的充分发挥，决定了深圳经济对国际市场变化的信息传导最快，对美国房地产次贷危机引发的全球金融危机的反应最快，受到的影响最深。2008 年深圳进出口总额增长速度陡降，从 2007 年增长 21.1% 直降到 2008 年的 4.3%；GDP 的增长速度从 2007 年的 14.8% 下降到 2008 年的 12.1%。发展速度的下滑对深圳经济社会发展带来一系列严重影响，也对商品房市场产生了较大影响，深圳市场商品房价格在 2007 年跨越每平方米万元后迅速进入调整时期，从 2007 年的每平方米 13370 元下降到 2008 年的每平方米 12823 元，下降了 4%，城市中心区的房价下降的更多一些。虽然 2009 年深圳商品房价格延续了稳步调整的态势，比 2008 年

① 陈谒贫：《求索中奋进——深圳住房制度改革与实践》，北京：中国社会科学出版社，2017 年版，第 58 页。

恢复性上涨了15.9%，但深圳房价的三年调整使中等偏上收入群体对购房重新燃起希望。本来2008年全球金融危机应该是促进房价合理调整以及房地产健康发展的难得的历史机遇，然而，随着国家的4万亿元刺激政策的出台，深圳的房价在经历了短暂的调整之后，重新走上快速上涨的不归之路。

3. 国家4万亿元投资政策和刺激消费政策将深圳房价带上2万元的高地

2008年全球金融危机对中国经济产生了严重影响和巨大冲击，2008年工业增加值从3月份的17.8%一路下滑到11月份的5.4%，中国经济面临着严重衰退的危机。为确保中国经济迅速回稳并尽快走出低谷，2008年下半年国家的宏观经济政策发生了180度的大转弯，中央将年初确定的“稳健的财政政策，适度从紧的货币政策”调整为“积极的财政政策，适度宽松的货币政策”，采取扩大投资、刺激需求的宏观调控政策，迅速出台了4万亿元的投资拉动政策和各种刺激消费的货币金融政策，使当年中国的投资增长了30%以上。中央作出的4万亿元投资政策和刺激消费的货币政策，是在特定情况下采取的特殊办法，在当时经济大幅度下滑的情况下，迅速遏止了中国经济下滑的势头，在全球重要的经济体中率先走出低谷，维持了中国经济的平稳增长。应该说，中央的宏观调控政策是特定情况下的一项迫不得已的有效决策。

在国家宏观调控重大决策的影响下，深圳2008年GDP维持了12.1%的增长，社会消费品零售总额也保持了17.9%的增长速度。与此同时，深圳的房价一改2008年负增长的趋势，从2008年的每平方米12823元迅速上涨到2010年的每平方米20297元，迈上了每平方米2万元的更高平台，两年时间上涨了58.3%，其中2010年的涨幅更高达36.6%。这使中高等收入以下的群众购房的希望再一次破灭，并助长了房地产市场投资和投机的“炒房风”，使深圳房地产市场变得更加错综复杂。

4. 政府严格调整下深圳房价平稳发展时期

2010年前后，随着中央应对全球金融危机出台4万亿元及其他一系列投资政策和宽松的货币政策的实施，深圳及全国的房地产价格持续攀升，对城市居民生活带来严重影响，社会反映强烈。为此，中央2010年和2011年先后发出4号文件和1号文件，开始用强有力的手段对房地产进行调控，试图抑制房价的快速增长，并重新提出建设社会保障房和廉租房的要求。在调控房价方面，国家从抑制需求的角度对银行房贷政策，包括首付比例、利率、限贷等方面进行控制；地方政府则主要从限购、限面积、限身份等方面出台政策，并打击过度投机，整顿房地产销售市场。

在国家房地产宏观调控的大环境下，深圳也着手出台限购等一系列调控措施，并开始制定社会保障房建设计划。在深圳市具体执行中央的宏观调控政策过程中，2010年深圳房价跳跃式上涨的势头基本得到遏制，从2010年到2015年上半年将近五年的时间内，深圳的房价大体平稳。其中：2011年、2012年出现了房价连续两年下降的趋势，2011年比2010年下降了6.2%，2012年又比2011年下降了1%；到2014年，深圳的房价比四年前即2010年总体上涨了18%。应该说“十一五”期间，在国家调控和深圳市自身的努力下，房价过快上涨的势头得到遏制，房地产市场处于健康持续发展过程之中，房地产价格过快上涨带来的经济社会矛盾得到了缓解。

5. 2015年下半年到2016年上半年深圳房价失控，每平方米价格实现了“万元三级跳”，即从每平方米20000元以上达到了每平方米50000元以上，创造了世界房地产价格上涨的奇迹，并成为引领全国大城市房价上涨的先锋城市

从2014年开始，中国经济进入了新常态，针对我国产能过剩的结构性矛盾，中央确立了以“三去一降一补”为主要内容的供给侧结构性改革的基本方针，对国民经济结构进行深度调整，其中房地产“去库存”成为供给侧结构性改革的重要内容。从全国来看，的确存在房地产市场过热、供大于求的尖锐矛盾，但全国一、二、三线城市房地产供需矛盾差别很大，尤其是类似深圳这样的一线特大城市，房地产市场并不存在供大于求、库存严重的问题，反而是需求旺盛、供应不足，加以房地产投机、投资现象严重，房地产价格处于对需求进行严格控制下的稳定状态。但是，深圳市在贯彻落实国家供给侧结构性改革、去房地产库存的过程中，不是从本地实际情况出发，而是照抄照搬国家放松房地产调控的去库存政策，从金融信贷、购房限制等方面，全面放开了对需求侧的调控措施，鼓励市民积极购房。加上 2015 年上半年全国股票市场火爆，相当一批在股票市场赚钱的市民将钱投入了房地产市场。

上述国家去房地产库存的宽松货币政策和深圳对房地产市场调控方向的转向，使深圳房地产市场进入疯狂失控时期。2015 年深圳个人房贷金额达到 1 万亿元，比 2014 年翻了一番。从 2015 年下半年到 2016 年上半年，深圳的平均房价从每平方米 20000 元以上直奔每平方米 50000 元以上，实现房价以万元为单位的“三级跳”，其中中心区的房价从每平方米 40000 元直接翻番达到每平方米 80000 元，个别高端楼盘每平方米甚至达到 100000 元以上。如果按年度计算，全市 2015 年房价比 2014 年增长 39.5%，2016 年又比 2015 年增长 60%，其中 2016 年 5 月份全市新房平均价格达到每平方米 55871 元，同比增长 96%。深圳的房价失控和短期暴涨为全国的房价上涨起了带领作用，也为深圳和国家带来了巨大的房地产泡沫和金融风险。直到 2016 年 10 月 4 日，深圳市才按照国家统一部署，实行各城市差别化的调控政策，出台了“深八条”，实施严格的限购限贷政策，并对房地产市场秩序进行整顿，依靠行政审批房地产商品房售卖价格等手段，强行遏制了深圳房价迅猛上涨的势头，使 2017 年深圳的房价实现了所谓的“零增长”。（图 1–2）

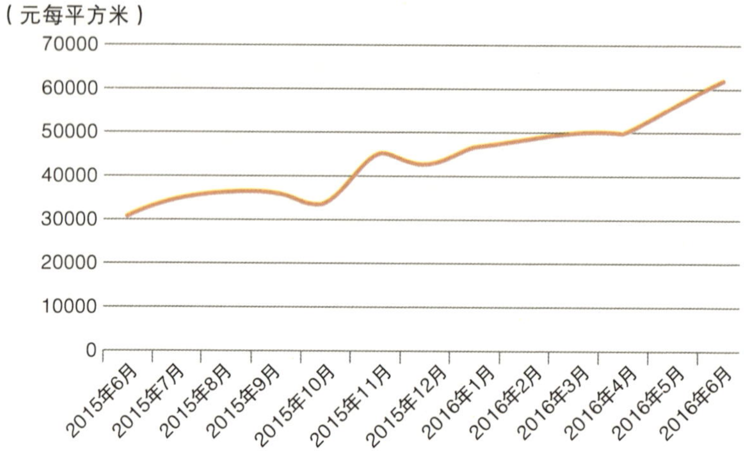

图 1-2　2015—2016 年深圳房价实现“万元三级跳”

数据来源：深圳房地产信息系统

6. 2017 年至 2018 年，深圳房地产市场进入以行政手段进行“价格管制”阶段，维持了房地产价格的暂时稳定

根据深圳市有关部门公布的数据，2017 年至 2018 年 7 月，深圳房价稳定在每平方米 54000 元左右，基本上形成了“零增长”的格局。2017 年后深圳房地产价格形成“冻结”格局，并非是市场供求关系发生了重大变化，而是国家以特殊的政治和行政手段强制干预的结果。2015 年下半年由深圳带头引发的全国大中城市房价快速上涨，给中国的经济发展带来了严重的风险，引起各地城市居民的强烈反映。为了缓解人民群众对房价快速增长的不满，防止房价过度上涨引发系统性风险，习近平同志提出“房子是用来住的，不是用来炒的”重要论述，

并作为国家对房地产调控的基本指导原则，以保持全国房地产市场平稳健康发展为目标。同时，根据十多年来中国房地产调控的经验教训，单纯用经济手段，在短期内以控制需求的方式来遏制房地产价格是难以做到的，为此国家有关部门将各城市控制房价上涨的经济目标要求上升到贯彻中央大政方针的政治要求，采用巡视、约谈的方式，对各城市提出房价在环比和同比两个方面不高于上年水平的要求。在中央严格要求的形势下，深圳市政府对房价的控制，从用经济手段、行政措施控制买房市场需求,转向用行政审批手段控制房地产开发商的卖房价格，对房地产商投入市场的新楼盘，采取审批入市时间、审批入市价格的行政管制手段进行价格管制，维持 2017 年至 2018 年商品房价格的微小增长或零增长。（图 1–3）

深圳市政府用价格管制的方式，维持了市场商品房新楼盘价格零增长的表面现象，但对二手房交易市场价格，政府无法用同样的价格审批方式对卖房者加以控制，造成了房地产市场二手房价格远远高于一手新房价格的违背市场规律的价格倒挂的奇特现象。以 2018 年 7 月深圳南山区推出的华润城润府第三期新商品房为例，市有关部门批准的三期新房价格为每平方米 85000 元，而过去几年已经卖出的同一楼盘第一、二期，无论是位置还是环境都不如第三期，但一、二期二手房交易价格为每平方米 110000 元，比新房价格高出了每平方米 25000 元，高出 30% 左右。按照通常一手商品房比同样区位二手房

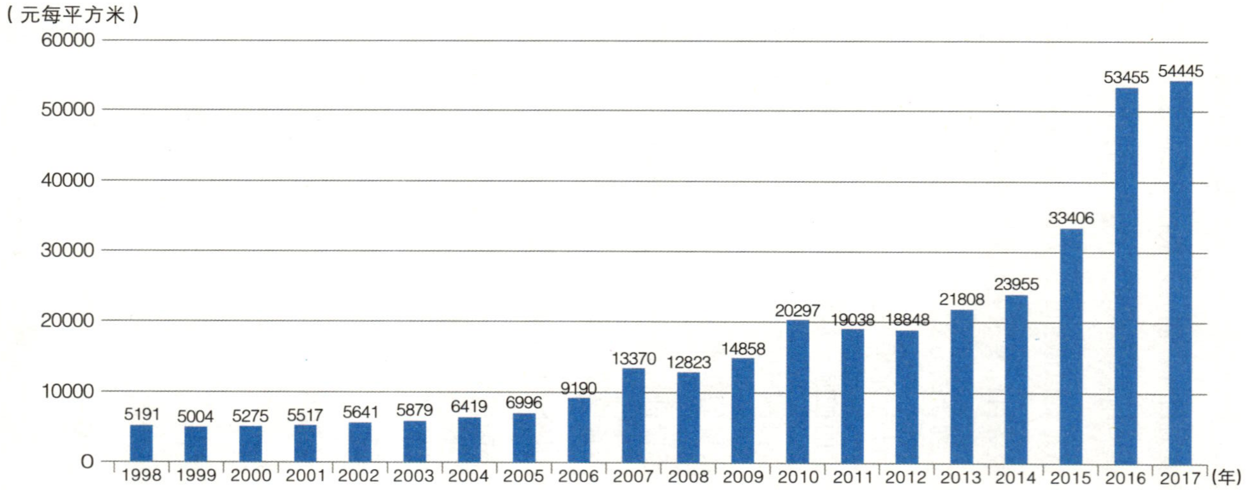

图 1-3 1998—2017 年深圳商品住宅二级市场平均交易价格

数据来源：《深圳统计年鉴》1999—2018 年

价格高出 20% 的比例推算，这个小区新推出的商品房市场价格应该在每平方米 132000 元，比政府管制价格高出每平方米 47000 元，高出比例超过 50%。（图 1-4）

综上所述，从 2005 年开始，深圳房价虽然在短期有过回调和下降，但总体处于不断上升的趋势，十年左右的时间，深圳房价几乎上涨了 10 倍以上，成为深圳发展过程中具有重要的历史意义和深远影响的大事。房价快速上涨对经济社会发展来说，是把“双刃剑”。

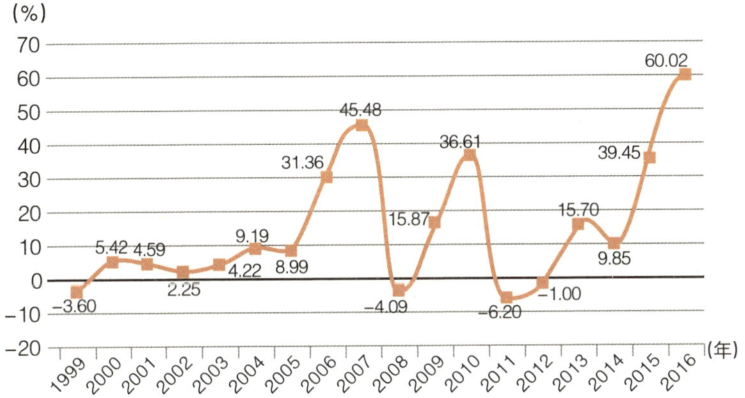

图 1-4　1999—2016 年深圳商品住宅二级市场平均交易价格增长率

数据来源：《深圳统计年鉴》1999—2018 年

（二）深圳畸高房价对经济社会发展的影响

从经济发展来看，这些年来，作为重要的支柱产业，房地产一直支撑着 GDP 的持续增长，为深圳的经济发展作出了重要贡献。由于房地产业对上下游产业的巨大带动作用，住宅需求的增长和房地产价格的快速上涨，刺激了房地产投资和社会消费的迅速扩张，对 GDP 增长起到重要的拉动作用。自 2005 年起，房地产投资成为整个社会投资总量的重要组成部分。2006 年深圳商品住宅销售额已达 651 亿元，占 GDP 的 10% 以上，成为当年仅次于制造业的第二大支柱产业。2017 年在深圳市 5147.3 亿元投资规模中，房地产投资达 2135.86 亿元，占社会固定资产总投资的 41.5%；在商品销售总额 31486.79 亿元中，房地产销售额达 3652.4 亿元，占商品销售总额的 11.6%；在全市 22438 亿元 GDP 中，房地产和建筑业增加值达 2478.6 亿元，占全市 GDP 的 11%。由此可见，房地产业的发展对深圳经济发展起到了重要的支撑作用。

从政府的财政收入来看，房地产已经成为地方财政收入和保障政府正常运作经费的重要来源。与地方财政收入有直接关系的房地产收入主要包括土地使用权收入（卖地收入）、契税、土地增值税、土地使用税、房地产企业所得税等。从全国的情况来看，与房地产相关的税收占地方财政收入的 50% 左右，个别地方达 60% 以上，大部分地区的地方财政实质上已经成为土地财政。与内地一些城市相比，深圳的土地收入占地方财政的比重不算太高，但也已经成为深圳财政正常运作必不可少的重要组成部分。深圳市 2016 年公共财政收入 7901 亿元，增长 9.1%，其中地方财政收入 3136 亿元，增长 15%。在地方财政收入中，仅卖地收入就达到892.6亿元，占地方财政收入的28.4%。如加上与房地产企业开发、销售等环节相关的收入，房地产收入在深圳地方财政收入中的比例将超过1/3。（图1-5~图1-7）

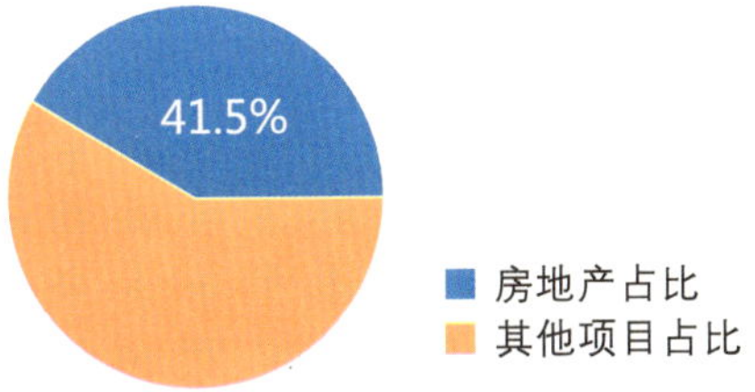

图1-5　2017年深圳房地产投资额占社会固定资产投资额的比重

数据来源：《深圳市2017年国民经济和社会发展统计公报》

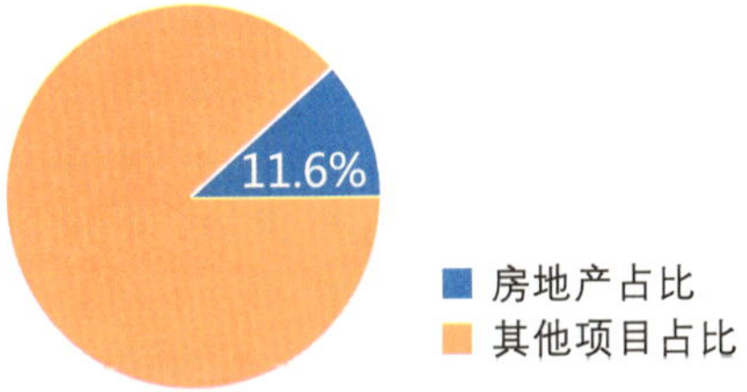

图1-6　2017年深圳房地产销售额占商品销售总额的比重

数据来源：《深圳市2017年国民经济和社会发展统计公报》

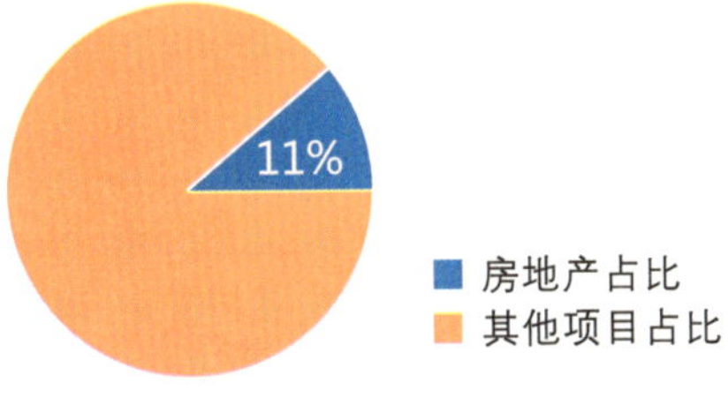

图1-7　2017年深圳房地产增加值占地方生产总值的比重

数据来源：《深圳市2017年国民经济和社会发展统计公报》

从城市建设和城市发展来看，房地产的发展和房价上涨对深圳城市建设发挥了两个方面的重要作用：一是深圳市政府的卖地收入基本上成为城市基础设施建设的重要来源，推动了城市地铁网、高快速路网及供水、供气、机场等现代化基础设施的建设，使深圳成为全球基础设施最完善、最现代化的特大城市之一。二是加快了城市的更新改造。由于深圳土地资源紧张，市场商品房土地供应不足，高房价就成为房地产开发商进行旧村改造、城市更新的重要的动力来源。房地产开发通过城中村的加速改造，客观上提升了城市现代化的建设水平，促进了城市的管理水平提高,对保障城市的安全也起到了积极作用。

从提高城市居民住宅及生活水平来看，房地产价格的高企客观上有助于提高了深圳住宅现代化的建设标准，优化了住宅区的居住环境，提升了住宅区的物业管理水平，使相当数量居民的整体居住条件获得了极大的改善。同时，房价的上涨使得少数城市户籍居民通过房产转让获得了巨大的额外财产性收入，加快了家庭财富的积累，跨入了中高收入的富裕阶层。

深圳在短时期内房价的跳跃上涨，虽然对深圳近期的经济增长、财政收入、城市建设以及部分居民生活水平的改善发挥了重要作用，但是从深圳经济社会的发展全局、长远利益以及从 2000 万深圳人的根本利益来看，畸高的房价将会对深圳产生严重的负面影响，这些负面影响大体上表现为以下十个基本方面。

1. 高房价造成绝大多数工薪阶层买不起房，成为压在绝大多数深圳人头顶上的一座大山

如果说“教育、医疗和住房”是深圳普通市民头上的“三座大山”的话，住房应该是工薪阶层负担最重、时间最长、压力最大的大山。即使按2016年政府管控的商品房价格每平方米53455元计算，深圳市的工薪阶层基本上都买不起商品房。2016年深圳市在岗职工月平均工资7480元，年平均工资为89757元，每年工资总收入只能买1.68平方米的房子。据有关方面计算，2016年上半年深圳房价收入比为38倍，位居全国第一，远远高于通常被认为5~7倍的国际通用的标准和水平。从2017年深圳各行业职工工资指导价位来看，在14个行业门类中，工资水平最高的金融业平均工资高位值为47360元/月，中位值为7311元/月，平均值6965元/月；从学历工资指导价位来看，博士、硕士研究生高位值工资为54217元/月，中位值为17900元/月，平均值为11026元/月；从管理岗位工资指导价位来看，高级管理岗位的高位值为49875元/月，中位值为10861元/月，平均值为17609元/月；从专业技术岗位职称工资指导价位来看，高级职称的高位值为31868元/月，中位值为10571元/月，平均值为14363元/月；从职业技能等级工资指导价位来看，高级技师的高位值工资为27078元/月，中位值为7953元/月，平均值为6986元/月。2017年深圳市政府公务员平均月工资为10377元，事业单位职工平均月

工资为 12407 元。（表 1–1）

表 1–1 2017 年深圳分类别工资指导价位

类别	单位：元 /（人・月）		
	高位值	中位值	平均值
金融业	47360	7311	6965
研究生（含博士、硕士）	54217	17900	11026
高级管理岗	49875	10861	17609
高级职称	31868	10571	14363
高级技师	27078	7953	6986
市政府公务员			10377
事业单位人员			12407

数据来源：深圳市人力资源和社会保障局

上述数据表明，在上千万人的深圳工薪阶层中，除金融行业中极少数高收入群体，以及其他行业极少数高级管理人员、极少数高学历人才、极少数高级职称者、极少数高级技师外，按现在的市场商品房价格，绝大多数工薪劳动者靠自己的收入根本没有能力购买市场商品房。对于几百万、上千万中低收入的工薪劳动者来说，不仅无力购买商品房，而且随着深圳租房市场价格的波动，租房的压力也会越来越大。长期以来，由于政府住房保障的缺失，深圳大量的城中村原居民的廉价出租屋成为中低收入和来深圳创业青年人的栖身之地，城中村的出租房实际上承担了政府廉租房的功能。但这些年来，随着原特区内城中村更新改造速度的加快，城中村的廉价出租屋日益减少，不仅迫使大量的中低收入群体搬迁到更远的地方租房，而且租金也越来越高，这些群体的生活压力越来越大，不少人已经因住房问题而远离深圳，去内地二、三线城市寻找生存和发展机会。

2. 高房价带来的高租金，拉动了深圳的消费品和服务价格的全面提高，降低了中低收入居民的实际生活水平

根据深圳市政府每年公布的居民消费价格指数（CPI），2017 年政府公布的 CPI 是 1.7%，深圳这些年的物价水平持续稳定。但是实际上，长期以来，政府采用的 CPI 所包含的项目，以人们日常生活最基本的生活资料的价格为主，尤其是农副产品价格占有相当大的比例。这些年来，随着居民消费水平的提高和多元化生活方式的变化，居民的消费结构、消费方式已经发生了很大变化，政府公布的 CPI 已经不能真实地反映城市的物价水平和居民的消费水平。房租作为城市居民消费的基础价格，对城市的商业、服务业、文化娱乐、旅游、餐饮业等都有直接的影响。这些年来，随着深圳商品房，包括商业地产的价格飞涨，带动了商业服务业、餐饮业、文化娱乐业等价格的快速全面上涨，虽然这些项目的消费并非中低收入家庭的必需消费，但实际上是绝大多数中等收入群体日常生活所不可缺少的。因此，因城市房租的大幅度提升带动的这些领域价格的上涨，对中低收入居民的实际生活带来很大影响和压力。

同时，商业房地产租金的提高，给相当多的中小服务业的经营带来很大压力，深圳这几年已经有相当多的服务业关闭停业。与前几年相比，原特区内一些地区的商业、服务业已经出现萧条现象。深圳市社会消费品零售总额增长速度也在不断放慢，在 2014 年前深圳房价基本稳定期间，社会消费品零售总额每年都以两位数的增长速度快速增长，其中 2011 年增长达 17.3%，2012 年增长达 16.5%，2013 年增长 12.3%，都远远高于同期 GDP 增长速度。2015 年深圳房价和租金爆发式上涨后，当年深圳 GDP 增长 8.9%，而社会消费品零售总额仅增长 2%，其中限额以上的社会消费品零售总额下降 4.5%。2016 年深圳 GDP 增长 9%，而社会消费品零售总额在 2015 年较低水平的基础上只增长了 8.1%，其中限额以上的社会消费品零售总额增长 6%。（图 1–8）

3. 恶化了经商环境，对深圳制造业、物流业产生了巨大的挤出效应，使深圳的产业面临空心化的风险

改革开放以来，以深圳、东莞为主要基地的珠三角，凭借土地和劳动力便宜、经营成本低、配套服务强的优势，吸引了全球制造业聚集珠三角，成为“世界工厂”，为深圳工业化、现代化的发展作出了重要贡献。2007 年以来，因经商环境的变化，深圳出现两次制造业大规模外迁的情况。第一次制造业大规模外迁是 2007 年前后，随着国家劳动合同法的出台和最低工资标

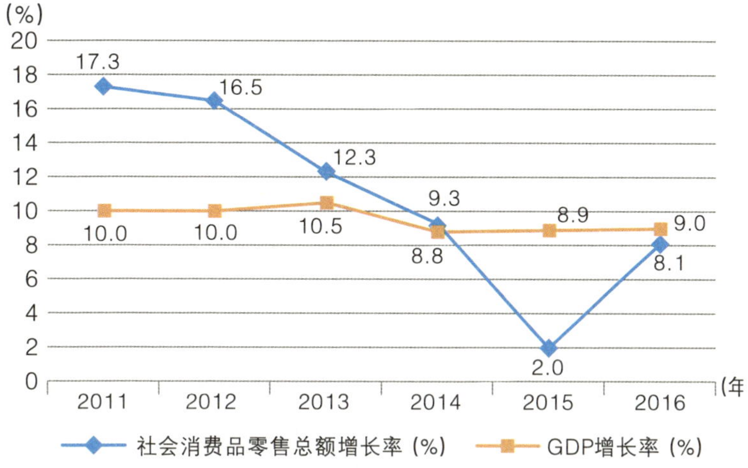

图 1–8　2011—2016 年深圳市社会消费品零售总额增长率与 GDP 增长率

数据来源：《深圳统计年鉴》1999—2018 年

准的提高，劳动力成本上升，一些劳动密集的低端制造业开始外迁。这些外迁虽然对深圳的制造业产生了一定的影响，但由于大多是低端的劳动密集型产业，如家具、服装、自行车、印刷、家用电器等传统产业，对深圳的制造业并没有产生伤筋动骨的影响，从一定意义上讲促进了深圳产业升级，结构调整，实现腾笼换鸟，发展总部经济。第二次是 2015 年前后深圳高端制造业发生大规模的外迁。2008 年全球金融危机爆发后，出于对生产成本压力加大的考虑，深圳的最低工资标准增长速度放慢，劳资矛盾得到了缓和，因此与 2007 年相比，2015 年前后的外迁主要原因不是劳动力成本快速增长，而是 2015—2016 年深圳的土地、房地产价格暴涨，并由此带来厂房租金快速增长。据有关部门调查，2014 年到 2016 年深圳工业厂房平均租金上涨近 40%，土地缺乏，厂房租金高，企业员工承受了更大的房价压力，与房地产价格暴涨相关联的企业运营成本的提高是 2015 年前后深圳制造业外迁的基本原因。特别需要指出的是，与 2007 年深圳外迁劳动力密集的制造业不同，这次大规模外迁的企业相当多的是先进制造业中的大中型骨干，比如华为、中兴、比亚迪、大疆、富士康等知名高科技企业的制造基地都已经搬迁到深圳周围地区。目前台资、日资、韩资的重点制造业已有一批撤离深圳。据深圳市有关方面公布，2016 年已有 1.5 万家制造业企业外迁到其他地区。随着制造业的大批外迁，深圳的物流供应链企业也面临着极大困难，外资进出口增长速度大幅下降，这些都对深圳的经济发展带来深刻和长远影响。

从深圳发展的历史过程来看，随着结构调整、产业升级、劳动力成本增加，劳动密集型中小制造业的外迁是必然趋势，对深圳长远发展有着合理、有利的一面。但是，主要由于房地产价格飞涨带来的大量大中型先进制造业的外迁对深圳发展的作用是负面的，它加重了深圳产业空心化的风险，给未来深圳产业结构的优化和长远发展带来重大隐患。从国内外的一些地区和城市发展的经验来看，制造业的持续发展对深圳是非常必要的。香港的制造业在 20 世纪 90 年代已基本上转迁到珠三角，造成了香港制造业空心化的经济结构。香港与珠三角“前店后厂”的发展格局，虽然有利于香港向高端服务业转型，促进金融、贸易、物流等产业发展，但对香港经济结构合理化、多元化也带来诸多问题和困难，使香港高科技产业发展难以起步。这些年来，美国的跨国公司把大量制造业转移到全球各地，对美国的产业结构、劳动就业、社会稳定也带来严重影响，迫使特朗普政府又花大气力，采取多种措施，吸引制造业回归美国本土。新加坡始终坚持制造业在经济总额中的比重占30%左右，这使新加坡的经济发展能够保持几十年的活力，成为全球经济发展成功的范例。深圳在2014—2016年期间，以制造业为主的第二产业占GDP的比重每年降低一个百分点，到2017年第二产业增加值占GDP的比重已下降到41%。如果房价持续上升、经商成本持续提高，深圳制造业比重持续下降，深圳产业空心化的风险将越来越大。这对深圳的长远发展带来的不利影响可能是巨大的。深圳离开了制造业的支撑，所谓创新型城市的发展就可能成为无本之木、无源之水。

4. 高房价使青年人终身成为房奴，使青年人失去了奋斗的希望

从对不同群体的影响程度来看，畸高的房价除了对中低收入群体及困难家庭带来极大伤害外，受伤害最大的群体应该是青年人。按照国际通常的房价收入比5~7倍来看，大多数青年人可以通过个人的奋斗，经过一段时间的努力，实现“居者有其屋”“安居乐业”的人生目标。而在房价收入比达到38

倍的深圳，高昂的房价使青年人依靠正常的工薪收入买房的期待成为泡影，他们对深圳的高房价充满无奈和茫然。

虽然这几年深圳出台了人才房补的有关政策，但面对如此高的房价，数量有限的房补也只是杯水车薪。深圳市政府从 2010 年后启动的人才住房计划，大部分房屋还在建设之中，若干年后才能发挥作用。根据深圳 2017 年工资指导价位，绝大多数行业人均月平均工资中位数都在 7000 元以下。而 2016 年深圳房价已达每平方米 50000 元以上，70 平方米的房价平均要在 350 万元人民币，如在原特区内，新房房价通常在每平方米 80000 元以上，70 平方米的房子要在 600 万元以上。对于毕业不久的大学生、硕士研究生来说，这样高的房价使他们中的绝大多数只能住在由城中村提供的廉价出租屋内，并且随着原特区内中心区城中村的不断拆迁更新，原特区内房租越来越高，迫使这些年轻人不断地向原特区外搬家漂流，每天上下班承受着几小时的交通拥挤之苦，艰难地在深圳奔波。

处于各行业工资收入低位值的几百万青年劳务工群体，其住房和生活条件更为困难。根据市政府有关部门提供的 2017 年工资指导价位，在深圳 14 个行业大类中，月收入的低位值绝大多数在 4000 元以下，超过 4000 元的不足 8 个行业。这几百万青年劳务工除了部分住在企业提供的职工宿舍外，相当部分住在条件更差的城中村原居民提供的廉价出租屋。他们没有深圳户籍，无法享受到深圳市任何住房保障政策，在深圳购房对他们来讲是不可想象的事情。

5. 高房价挤占了市民的正常合理的消费，降低了中产阶层和中低收入家庭的实际生活水平

根据现行的深圳住房保障的覆盖范围，除极少数有深圳户籍并享受最低生活保障的家庭可以住进政府提供的廉价保障性住房外，绝大多数中产阶层和中低收入的家庭难以享受政府的住房保障，而畸高的房价侵吞了他们的终身积蓄，挤占了他们本应享受的其他合理消费，降低了他们的生活水平，使他们成为一辈子的房奴，一生为获得基本居住条件而拼搏。根据深圳 2016 年的平均房价，购买 70 平方米市场商品房按首付 30%，20 年分期付款，基准利率 4.9% 计算，每月承担的房贷需要 17500 元，每年需要 21 万元还贷资金。根据统计数据，2017 年全市人均可支配收入 52938 元，人均消费支出 38320 元，14 个行业工资指导价位中，只有占员工人数 10% 的高位值的高收入高层管理人员的年收入超过 20 万元。因此对绝大多数已经购房的工薪阶层来说，将不得不将薪酬收入的相当部分支付房贷，极大地挤占和影响其他正常的生活消费，并有可能终身成为房奴。对尚未购房的工薪阶层来说，为了实现“购房梦”，不得不省吃俭用，也大大挤占了其他领域的消费空间。对于租房的中低收入的群体来讲，随着深圳房价和房租的不断上涨，微薄的收入相当部分用于支付住房支出，日常的正常消费自然受到极大的压制。这些年来，从深圳到全国，各级政府一再强调扩大内需，转换以出口为导向的经济发展模式，但始终未能取得重要进展，社会消费始终跟不上GDP的增长，其重要原因除了教育、卫生、养老等费用昂贵外，主要是这些年房地产价格快速增长造成的。房地产绑架了整个社会的消费结构和消费水平，使深圳经济的可持续发展受到很大制约。

6. 房地产快速发展和房价的畸高绑架了银行体系，增加了深圳金融系统性风险，为深圳长期可持续发展埋下了隐患

在银行贷款中，与房地产相关的贷款占相当大的比例，据有关方面预测，与房地产相关的贷款占全国银行系统贷款的40%左右。深圳作为房地产发达、房价畸高的城市，与房地产有关的贷款在银行贷款中的比例更高。除了房地产企业和个人贷款外，非地产企业的贷款大多数也是以房产抵押的，这更进一步加大了金融系统的风险。2015—2016年深圳房价一年内上涨一倍，每平方米平均房价从2万元跨越到5万元以上，进一步刺激了深圳与房地产有关的贷款数量急增，其中2015年深圳市银行贷款余额32449亿元，比上年增加15.42%；2016年又比2015年贷款余额猛增24.89%，达到40527亿元的规模，而同期存款余额仅增加11.47%。2017年深圳市政府对房价运用行政手段进行管控，但2017年银行贷款余额仍然增长14.32%，达到46329亿元，而同时存款余额增长仅8.17%。在2015—2016年深圳房价失控期间，深圳市银行贷款余额从

2014 年的 28114 亿元增加到 2017 年的 46329 亿元，即仅用三年时间深圳市银行金融贷款余额增长了 65%。随着未来深圳房地产价格大幅度下行调整，银行的不良资产率将大幅度上升，银行体系将有可能发生系统性风险。（图 1-9）

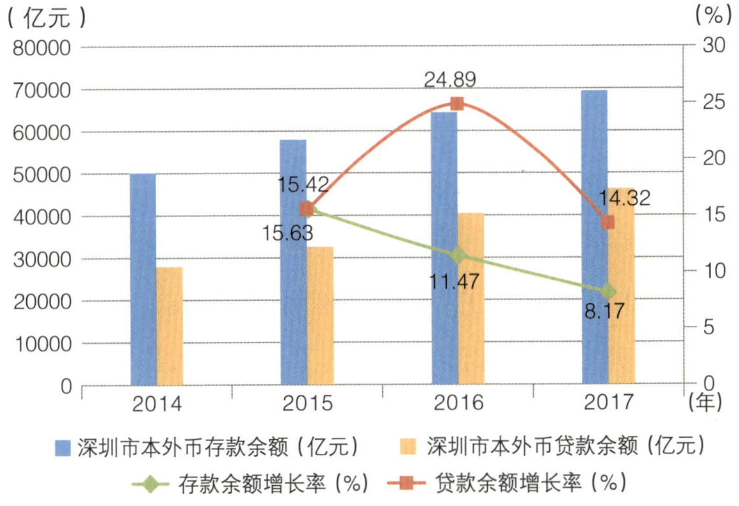

图 1-9　2014—2017 年深圳市本外币存贷款余额及增长率情况

数据来源：中国人民银行深圳市中心支行

7. 高房价大幅度提高了市民的个人负债率和住房信贷杠杆率，增加了家庭的金融风险

房地产的虚高畸价，不仅绑架了银行等金融机构，也绑架了中等收入及以上的买房市民群体。我国居民素有积蓄的传统，居民的高积蓄是改革开放几十年我国经济高速发展的重要支撑，但自从房地产价格暴涨后，居民的负债率大大提高，除

了极少数人把买房作为投资工具外，绝大多数为改善居住条件居民的房贷的比重和压力不断加大。尤其是2015年至2016年房价暴涨一倍以上后，2015年深圳个人平均贷款成数为6.5成，2015年个人购房贷款余额比2014年增长了37.4%，首次超过1万亿元人民币，达10832.66亿元。而2016年个人购房贷款余额又比2015年增长了38.67%，净增加近5000亿元，达到15022亿元。2017年在政府强制性价格管制的情况下，居民个人购房贷款仍增长17.48%，达到17647.27亿元，占深圳银行贷款余额总量的38%。据有关方面统计，深圳2015年房价暴涨后，2016年深圳住房信贷杠杆率居全国之首，其中北京为48%，广州为77%，而深圳则高达144%，大大提高了居民的负债率和杠杆率，加大了居民的负债压力，形成居民和银行的金融风险。一旦未来深圳房价发生大幅度下调，相当数量购房的中产阶级将成为负资产所有者，给社会稳定带来严重影响。（图1–10、图1–11）

8. 高房价降低了深圳对国内外人才的吸引力，对继续保持深圳的活力、创新力产生了负面影响

深圳作为人口平均年龄不到30岁的经济特区和移民城市，几十年来一直以多元、包容、活力的特色，成为全国青年人聚集创业的首选之地。20世纪八九十年代初，深圳曾出现全国人才流向深圳的“孔雀东南飞”局面。几十年来一代又一代、一批又一批优秀青年人才来深圳寻求发展，支撑着深圳高科技、

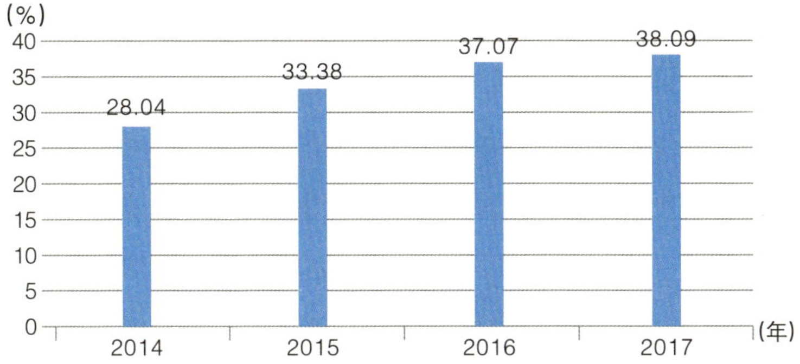

图 1-10　2014—2017 年深圳住户贷款占贷款余额总量的比重情况

数据来源：《2014—2017 年深圳市国民经济和社会发展统计公报》

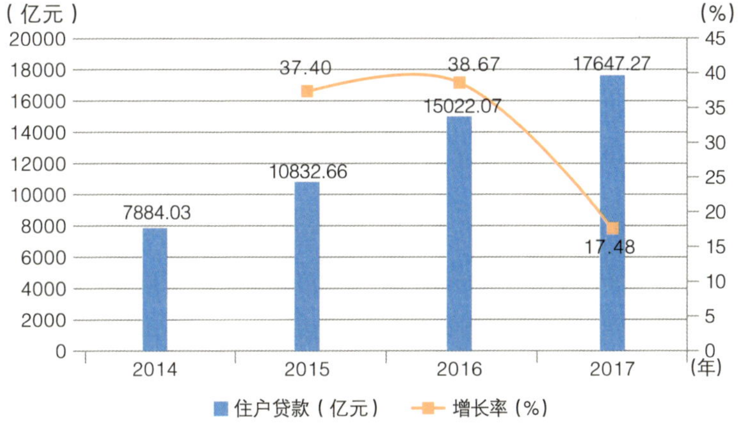

图 1-11　2014—2017 年深圳住户贷款及增长率情况

数据来源：《2014—2017 年深圳市国民经济和社会发展统计公报》

金融、物流、文化等支柱产业的形成和发展，使深圳成为全国第一批创新型城市，被誉为“中国的硅谷”，但这种趋势被 2015 年前后深圳突飞猛进的高房价所打断。2016 年，深圳成为全世界“最难买得起楼”的城市之后，不少青年人对深圳高房价望而生畏，对未来在深圳购房失去了期望，也对深圳因房价畸高导致的高生活成本难以承受。因此，很多优秀大学生、研究生毕业首选已经不是深圳而另寻房价和生活成本低的城市，甚至已经在深圳工作、创业、生活的青年人也弃深圳而去。据有关方面调查，2017 年的应届毕业生在深圳平均薪资为 6231 元 / 月，在全国排名第三。虽然近两年深圳市出台了一些吸引人才的有关政策和措施，但仅房价畸高一项，就使深圳在全国吸引争夺人才的城市竞争中处于不利地位。

9. 深圳畸高的房价加大了社会的收入差距，成为不同群体财富悬殊的重要因素，对深圳的共同富裕、和谐社会的建设带来深刻的影响

实现共同富裕、建设和谐社会是深圳改革开放和特区建设的最终目标，而近十多年尤其是 2015 年房价的暴涨，使深圳既产生了少数房地产开发商这样的暴富、巨富群体，又产生了一批在房地产投资以及炒房中获利的群体，进而加大了社会贫富差距，也拉大了一般市民中有房群体与无房群体在财富拥有和实际生活水平上的差距。有房群体虽然也承受了因房价暴涨而带来的日常生活尤其是服务业价格上涨的压力，但总体上讲，实现了居有所屋、安居乐业、有房有车，享受到了比较好的公共服务的现代化生活。而无房群体则蜗居在条件较差的城中村，成为现代化大都市的边缘群体。他们拿着低廉的薪酬，承受着高房价带来的较高物价，生活在缺乏良好公共服务和必要生活设施，与有房群众有较大差距的环境里。两大群体通常分隔居住，在公共政策制定中意见相左。这种格局和现象，为深圳经济社会文化的发展繁荣带来相当多的矛盾和问题，对深圳实现共同富裕、建设和谐社会带来严重挑战。

10. 高房价助长了城市违章建筑规模的扩大

深圳是全国违章建筑最严重、规模最大的城市，在其城市建筑总量中有一半左右的违章、违法或者是法外建筑。这些违章建筑既为1000多万低收入或外来人口提供了廉价的住房，承担了本来应该由政府承担的为中低收入群体提供廉租房的特殊功能，为深圳的发展作出了历史贡献，但同时也为深圳的城市建设、管理、发展带来了一系列严重的问题。

从上述十个方面来看，深圳的畸高房价实际上已经形成了巨大的房地产市场泡沫，并绑架了整个深圳的经济社会发展，成为未来深圳发展和社会稳定中最突出的矛盾和问题。自从2015—2016年深圳房价翻番暴涨后，深圳的房地产平均价格与深圳经济社会发展阶段和市民生活水平相比，实际上已经形成了巨大泡沫。另一方面，与全国一样，深圳也担忧房价进行较大幅度的调整和理性回归为整个经济社会的稳定带来的巨大风险，这使深圳的高房价呈现“骑虎难下”的尴尬局面。政府目前用价格管控这样的行政手段来维持房价的现状，使深圳房价长期在高位悬空。

以上对深圳经济社会发展的十个方面影响有大有小、程度不一。从更深层次的角度观察，多年以来，政府对房地产市场的调控采用行政手段和政府指令替代企业行为和市场机制，对社会主义市场经济体制机制作用的发挥和完善产生了阻碍。同时，在十多年来政府对房价调控的过程中，房价越调越高，也严重地损害了政府的公信力。

（三）制度和体制的缺失是深圳高房价的基本根源

从 2005 年到 2015 年的十年间，深圳房价增长十倍以上，房价的增长速度和绝对水平在全球大城市中都是少有的。在此期间，深圳市政府虽然按照国家对房地产市场的调控部署和要求，先后进行过十次房价调控，出台了数不清的调控措施和调控手段，但结果是房价越调越高，由房地产市场引发的社会矛盾越来越尖锐，情况越来越复杂，最后政府不得不在 2016 年底采取计划经济的手段，用政府定价的方式，对房地产市场的价格进行行政性管控，才维持了新入市商品房价格的平稳，但形成了由政府定价的新房商品房价格与由市场调节的二手商品房价格严重倒挂的奇特状况，房地产市场仍然是深圳经济社会发展和稳定中最突出的矛盾和问题。

十多年来，为什么深圳房价的上涨速度越来越快，价格越升越高，对房价的调控越来越失效，由高房价引起的社会矛盾越来越尖锐呢？对此，深圳有关部门和社会有关方面通常归纳为以下几个主要原因：

1. 由于房地产市场秩序不规范，一些买房投机者推波助澜，把房价给炒高的

从2004年以来，由于对深圳房价上涨有着较高的预期，少数市民将买房作为投资保值的重要方式，采取多种途径包括加大负债率和杠杆率，对房地产进行投资。个别人采用快买快卖、短期炒作的带有某些投机性质的投资方式，对房价过快上涨起到了推波助澜的作用。因此，深圳市政府乃至全国的相关部门每次房地产调控都把限制买房和抑制炒房作为主要目标，总认为只要抑制了炒房，房地产价格就不会快速上涨，往往采取限制买房人的身份（如本地户籍、交社保年限）和买房的数量（如每人不超过两套），提高买房贷款利息和首付比例，限制买房后转让时间等措施。

把房价上涨过快归咎于投资炒房这种看法并不完全符合实际，买房、炒房固然是短期房价上涨的直接原因之一，但不是深圳十年房价暴涨的根本性、决定性的原因。一些人之所以贸然用加大负债、加大杠杆率等带有一定风险的方式去买房、炒房，主要是因为房地产市场背后的住房制度、供求关系等原因带来的对未来房价上涨的较高预期。在这种预期下进行房地产长期投资或者短期投资，都是符合市场规律的正常经济行为，并不违反国家的法律法规。深圳房地产市场已经发展几十年了，为什么在2004年以前深圳没有那么多的房地产投资或投机呢？事实上，目前深圳的商品房空置率并不太高，并没有出现内地一些城市和地区的“鬼城”现象。据有关方面预测，深圳 2016 年的房屋空置率为 15%，大体符合 5%~10% 的国际通常标准。因此，2005 年以来深圳十年房价上涨十倍以上，居民投资买房并不是主要原因，把深圳房价畸高归咎于市民投资买房的结果是不公平的，不符合事实的。

2. 深圳高房价是房地产开发商追求暴利和贪婪造成的

随着深圳十年房价暴涨，房地产开发商获得了巨大的利润，成为社会上短期内迅速暴富的群体，市民买不起房与房地产商的暴富、炫富形成强烈的反差，使社会对房地产企业的负面评价日益增长。在这种情况下，把高房价归结为房地产商的追求暴利和贪婪，往往得到社会上一些人的认同，但这也是不公正的。

在巨大利润的诱惑下，少数房地产企业确实采取了一些推高房价的方式方法和经营策略，包括囤积土地、捂盘销售、提供不实销售信息以及采取一些精明的销售策略。但这并不构成房价暴涨的主要因素。事实上，十多年来，政府在调控房价过程中，不是着力去解决影响房价的根本制度、体制方面等深层次问题，而是试图通过行政手段、计划经济方式去控制房地产开发商的微观经营活动来抑制房价，几乎把房地产开发过程中所有环节都变成了政府部门审批和监管的对象和内容，包括从房地产开发企业的资质的审定、土地使用权的转让、项目建设计划的审批、土地使用功能的确定、土地开发容积率大小的审批、房型结构的备案、房屋面积大小、商品房预售备案等，一直到近些年发展到对商品房销售时间、销售价格的审批等，几乎把房地产开发商的经营活动都管死了，侵犯了房地产开发企业应有的经营自主权。在这种情况下产生的房价暴涨，没有制度和机制方面的重大缺陷，仅仅靠房地产开发商精明的销售策略和不规范的行为，能够支撑深圳房价十年的暴涨吗？

事实上，虽然房地产开发商从房价暴涨中获得超额利润，但政府也从房地产价格暴涨中获得很大利益。政府不仅凭借对土地的垄断权获得巨大的卖地收入，而且通过各种税费方式，从房地产产业发展中获得巨大的财政收入，使房地产开发不仅支撑着政府 GDP 快速增长，而且也成为地方政府收入的主要来源，形成了土地财政、房地产财政等中国独特的地方财政体制机制。

3. 深圳高房价主要是因为深圳人口增长太快，地域面积小，土地供应不足造成的

应该说在全国一线城市中，深圳面积仅为 2000 平方公里，远远小于北京、上海和广州，深圳虽然常住人口近 1253 万人，但实际管理人口已经快速增长至 2000 万人左右，近些年几乎每年增长 50 万人。在满足深圳经济社会发展和城市建设的同时,要解决好 2000 万人的住房问题,目前的土地资源的确紧张，但是人口增长、土地资源缺乏并不是近十年深圳房价暴涨的主要原因。

比如，从土地面积和人口密集度上看，新加坡土地面积700平方公里，人口近600万；香港面积1000平方公里左右，人口750万左右；东京面积2188平方公里，人口1400万左右，这些城市人口密集度并不比深圳低多少，但房价并没有在短期内产生暴涨现象。除香港外，东京、新加坡的房价比深圳低得多，并且长期稳定，东京居民绝大多数居住在自己的低层、低密度的私有住宅里，新加坡90%的居民住在政府提供的保障性组屋里，即使香港也有50%左右的中低收入人群享受着政府提供的保障性住房。

又如从深圳近些年商品房价格涨幅较快的几个阶段来看，与当时深圳人口增长、土地资源的变化并没有多大的相关性，用人口、土地数量的变化无法解释2015—2016年深圳房价增长一倍的原因。从短期来看，深圳房价暴涨的几个节点，都与当时国家和深圳经济发展以及对房地产调控的政策环境紧密相关，其中2006年深圳房价上万元台阶，是深圳2003年住房制度改革方向调整，基于取消保障性住房的政策直接推动的；2010年深圳房价过2万元大关，主要是国家和深圳应对全球金融危机采取的4万亿元刺激政策的直接反映；2016年深圳房价跨上5万元主要是由于深圳在贯彻中央供给侧结构性改革中去库存的政策失误、调控失当造成的。这些与深圳人口和土地的短期变化都没有太大关系。

再如，政府有关部门在建设保障性住房过程中，因土地资源紧张，用地没有得到落实，这虽然与深圳土地总量供应不足有间接的关系，但从实际运作的情况来看，主要是由于土地产权不清、征地历史遗留复杂、拆迁补偿困难、规划调整程序烦琐以及投资审批程序过长、责任不落实等工作层面带来的困难造成的。实际上，深圳住房存在的问题主要不是土地紧张、人口增长过快而带来的房屋及土地供应不足的问题，而是住房制度以及由此带来的住房结构问题。目前深圳 1253 万常住人口以及近 2000 万的实际管理人口，分别居住在总量达 1000 多万套的市场商品房、政府保障房、城中村廉租房以及企业自建的职工宿舍之中，从人口、房屋、土地等资源配置上，总体是平衡的，主要是住房制度不合理以及带来的住房结构不合理，使大多数居民既买不起商品房，又住不了保障房，加大了居民住房、买房困难和负担，恶化了居民的居住条件。为此政府解决深圳房价畸高和居民住房困难问题，除了积极增加住宅土地供应、适度调整人口增长速度外，最根本的是进一步深化深圳住房制度的改革，调整居民住房结构。

4. 深圳高房价是国家宽松的货币政策和银行资金对房地产的过度贷款造成的

这些年来，尤其是从 2008 年金融危机以来，国家为了保持国民经济持续增长，实行比较宽松的货币政策，货币供应逐步加大。尽管国家近两年在供给侧结构性改革的“去杠杆”中采取了一些调控措施，货币供应量和社会杠杆率仍然处于高位，2017年全年GDP总量为82.7万亿元，年末社会融资存量达174.6万亿元，杠杆率高达211%。与此同时，房地产企业贷款增长率和住户购房借贷增长率也较快。因此，有些人认为是宽松的货币政策以及货币向房地产过度的流动导致了深圳房价的迅猛增长。这种看法也是不全面的。

诚然，货币宽松是促进房地产市场繁荣、促进房地产价格上涨的原因之一，但不是最根本的、最主要的原因。从因果关系来看，是由于居民和企业对房价升高的预期，导致了房地产企业和居民将大量资金投入建房和买房，而主要不是货币充足导致了企业和居民将资金过多投资于建房和买房。这些对房价升高的预期是基于对住房制度、财政制度、土地制度等一系列制度性因素的长期判断，而不是基于对国家货币政策的预期判断。在这种预期下，资金持续投入房地产市场之中。

事实上，近十多年来深圳以及国家在对房地产市场调控过程中，主要采取了一系列严厉的金融手段，比如不断提高居民购房的首付比例，提高购房贷款的利息，控制对房地产企业贷款量，严控房地产企业上市融资等，但仍然阻挡不住资金向房地产市场的不停流动，仍然改变不了房价持续上涨的趋势，最后不得不采用计划经济的方式，用政府审批价格的方法维持了房地产价格的表面稳定。这种情况也说明，货币本身是逐利的，投资方向是受市场规律调节的，不改变企业和居民对房地产价格上涨的预期，不从包括住房制度、土地制度、财税制度等一系列制度创新和政策调整等根本措施入手，仅仅从调整货币总量和调控货币流向等治标手段入手，是难以改变市场对房地产价格上涨的预期，难以实现房地产调控的目标的。

综上所述，深圳十多年来房价猛涨，其根本的、主要的原因，不是买房子的居民投机心理炒起来的，不是房地产开发商贪婪卖出来的，不是银行货币供应给贷上来的，也不是深圳土地紧张、人口增长过快而逼上来的。从根本上讲，是影响房地产发展的一系列深层的制度设计和缺陷造成的，这种制度中最重要的是住房制度、财税制度和土地制度。

首先，深圳住房制度由“双轨”变“单轨”，由以社会保障为主转为以商品化为主是深圳房价十年快速增长的根本原因。

住房既有为中低收入群体提供社会保障的功能，又有为高收入群体提供商品化的功能。深圳在 1980 年率先在全国启动了住房制度改革，在住房制度改革过程中，既破除了计划经济体制下福利分房的旧的住房保障体制，实行了住房货币化、商品化，又借鉴了新加坡、中国香港对中低收入家庭提供住房保障的成功做法，提出了以住房保障为主导，兼顾住房市场化的“双轨三类多价”的住房制度改革方案，并提出 2000 年实现深圳每户一套住房的目标。2000 年前后，经过十多年的努力基本完成了深圳传统体制福利分房制度向住宅货币化、商品化体制的转变，“双轨三类多价”的住房制度已基本建立，大体适应了深圳经济社会发展的需要，比较好地解决了与经济发展相适应的不同类别、不同群体的住房需要，房价长期保持基本稳定，2004 年以前商品房价大体保持在每平方米 5000~6000 元。（图 1–12）

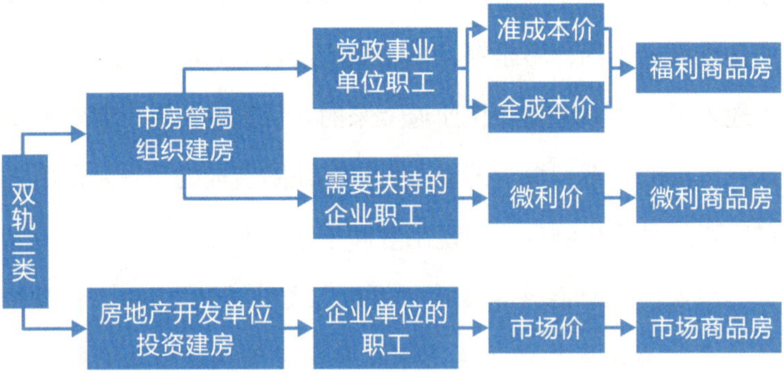

图 1–12 “双轨三类多价”供应模式图解

但是为解决 1998 年亚洲金融危机遇到的困难，保持国民经济稳定发展，以 1998 年《国务院关于进一步深化城镇住房制度改革加快住房建设的通知》为标志，国家作出了以住房商品化为主导的住房制度改革决定，把房地产作为主导产业培育发展，取消了政府和所有单位的福利房的建设和分配。受国家住房制度改革的基本原则和方向的影响，加上深圳对住宅社会保障功能认识的不足，因此以 2003 年 6 月深圳出台有关住房制度改革的《深圳市机关事业单位住房分配货币化改革实施方案》(深府〔2003〕104号)文件为标志，深圳住房制度的方向从以社会保障为主导的“双轨三类多价”，调整为以住房商品化为主导的单轨的深圳市住房建设和供应体系，全面取消了党政机关事业单位的全成本福利商品房的建设和分配，同时基本上取消面向企业中等收入群体的微利价格的微利商品房的建设和分配，使“双轨三类多价”的深圳住房建设分配体制转向全部由房地产商提供的单轨、单类、单价市场商品房建设和供应体系。

深圳住房制度的方向性重大调整，给深圳住房的建设和发展带来三个基本变化：

一是在住房供应上，让社会上不同收入水平的所有群体都进入市场商品房供应体系，大大扩大了市场商品房的需要，从需求方打破了原有的市场商品房的供求关系，直接推动了市场商品房价格的上涨。中等以下收入群体无力购买商品房，不得不住在由城中村原居民提供的出租屋内。二是在住房建设结构上，基本取消了政府福利房和企业微利房的建设，房地产开发企业成为唯一的合法的住房建设者，住房供应量的减少，也从供给方打破了市场商品房的供求关系，势必推高房价的快速上涨。三是刺激了深圳房价的步步攀升，2003年深府104号文件出台后的第四年，深圳房价即从每平方米5000元左右攀上万元大关，2007年深圳房价上升到每平方米13370元，比2003年每平方米5879元增长了127.4%。从2005年到2015年下半年，深圳的房价上涨了近十倍，从每平方米5000元左右上升到50000元以上。住房制度改革方向的调整对房价上涨产生如此大的影响，这应该是深圳市2003年出台104号文件没有预料到的。

其次，土地财政制度的逐步形成，房地产收入占地方财政收入的比重大大增加，使政府成为深圳高房价的主要推手。

虽然与内地相比，深圳土地收入占财政收入的比重并不是太高，但是2005年以来，随着房地产作为深圳主导产业的形成，市场商品房价格的快速上涨，深圳不仅通过房地产拉动投资规模，支撑地方GDP的快速发展，而且也通过卖地收入、土地使用费、契税、土地增值税、房地产企业的各种税收等方式，实现了地方财政收入的高速增长，使房地产相关的税费收入成为地方财政收入的重要组成部分，从而形成了地方与土地财政密切相关的新的财政制度和体制。比如，深圳通过卖地最高一年可增加近千亿元的地方财政收入。市政府在对自身利益的追逐下，积极推动房地产的发展，引发房价的持续升高，政府成为了推动房地产产业发展和市场商品房价格暴涨的重要推手。政府推动房地产发展和推高市场商品房价格的主要途径有五个方面：

一是采取多种方式抬高地价，增加卖地收入。将土地由协议转让的方式改为公开拍卖，在拍卖组织过程中，通常采取改善土地周围开发环境、邀请众多的大房地产开发商参与拍卖以哄抬地价、提高容积率等方式，目的是把土地卖到最高价格，这使得深圳在土地拍卖中不断产生“地王”。

二是加大市场商品房供应的面积和比例。自从 2003 年深圳住房制度调整改变方向后，深圳市场商品房用地占了整个城市住宅用地的绝大部分，个别年份几乎没有安排保障性住房的建设用地。

三是加大城市更新、旧村改造的规模和力度。政府全力推动城市更新，不仅是为了加快城市建设和提高城市管理水平，更重要的是政府可以从城市更新改造中获得更大利益。这是因为城市更新、旧村改造可以扩大用地供应，解决深圳供地紧张问题；安置补偿的需要能促进房价的进一步提升，而房价的提升会给政府带来一系列的财税收入；通过功能改变、提高容积率等方式，政府可以从开发商或原股份合作公司收取相当部分的补地价收入，增加政府的卖地收入；在城市更新过程中，政府通常还可以收回部分市政公共设施用地，通过城市更新还可以使政府一次性解决原城中村在违章违法建设以及征地过程遗留下的各种复杂问题；等等。

四是对房地产开发和居民购房提供大量的资金支撑。根据统计，深圳银行贷款中房地产企业开发和住户买房贷款占 50% 以上，资本市场大量的资金流向房地产市场。

五是基本停止或消极对待保障性住房的建设。本来无论在国务院 1998 年出台的《关于进一步深化城镇住房制度改革加快住房建设的通知》，还是2003年深圳市出台的《深圳市机关事业单位住房分配货币化改革实施方案》，在突出住房商品化、市场化主导地位的同时，也都提出为少数住房困难户建设保障房的要求。但是国家在文件中没有具体提出建设保障房的有效办法和结构比例，最重要的是，地方政府在自身利益的推动下，建保障房的动力缺失。同样一块土地，如果卖给开发商建市场商品房，政府就可以拿到巨额的卖地收入和其他税费，而如果政府自己去建保障房，不仅收不到这些巨额的卖地收入和各种税费，而且还要支出一大笔保障房建设的资金。因此，对政府来讲，建商品房是“赚大钱”的事，建保障房是“赔大钱”的事，地方政府自然不愿意去建保障房。从2001年到2007年，商品房占房屋总建设面积的95%。

再次，政府垄断的土地制度是政府推动房地产价格暴涨的基本手段。

2005年来深圳房地产价格以及政府财政收入的高速增长，除了政府手中掌握行政权力外，政府对土地的高度垄断也是基本的制度性因素。政府作为市场商品房土地资源唯一提供者，把垄断土地资源作为其不断推高地价的基本手段。在深圳经济特区发展过程中，先后于1992年和2003年在特区内326平方公里范围内和特区外1700平方公里范围内，实行了两次农村城市化的重要改革。在两次农村城市化过程中，深圳市政府在经济社会管理行政体制方面，将原居民纳入城市管理的同时，对原集体和农民所有的几百平方公里的土地，以经济补偿和特殊政策的方式实行统一征收，转为国有土地。从此，深圳市政府高度垄断了土地资源，成为向房地产开发商出让土地使用权的唯一出让者。在两次农村城市化过程中，虽然对原居民个体和股份合作公司留下了宅基地和部分工商发展用地，但政府通过城市规划、国土功能界定、商品房产权登记以及产权转让等行政手段，禁止集体经济组织和原居民向市场提供合法的商品房。

在政府完全垄断了土地资源的情况下，由于政府未能向中低收入家庭提供相应的保障性住房，随着深圳城市人口剧增，城市廉租房市场需求空间巨大。受经济利益的强力驱动，原居民和集体股份合作公司在未经政府批准的条件下，兴建了数量达几十万栋、面积达几亿平方米的违章违法或者法外建筑。这些建筑在对深圳的城市建设、管理带来一系列问题的同时，客观上也代替政府承担了为中低收入群体提供廉价出租房的特殊功能，为深圳经济发展和中低收入群体生活居住作出了重要贡献。正因为深圳违法建筑的特殊环境、特殊功能，使得主要由几十万特区原居民和集体经济组织形成的特殊利益群体，与作为城市建设者和管理者的市、区政府，进行了长期博弈。十多年来，一方面深圳各级政府每年都花大气力拆除大量的违章建筑；另一方面，每年都有大量新的违法建筑出现，并且数量越来越多，建筑质量越来越好，房屋越盖越高，成为深圳城市建设和管理过程中独特的现象。

这三个制度和机制方面的深层次问题，不仅仅是深圳所独有的，从一定程度上讲，也是其受国家多年来在房地产发展和房价调控的宏观政策和体制影响所造成的。比如，深圳住房制度由“双轨”变“单轨”，是21世纪初深圳按照国家将房地产作为支柱产业的基本政策要求去调整的，深圳政府对土地的垄断也是全国统一的征地政策所决定的，等等。

二 深圳住房制度改革的曲折过程和经验教训

（一）深圳住房制度改革的四个阶段

深圳住房制度改革，大体上伴随着特区改革开放的全过程，已经走过近四十年的改革之路。在深圳住房制度改革历史进程中，由于受内部和外部、客观和主观等众多因素的影响，改革既取得过辉煌的成就，为国家住房制度改革提供了丰富的经验，为深圳人民生活改善、经济社会发展和城市现代化建设作出过重要贡献；也有过改革的不足或失败的教训，导致了深圳住房保障制度的缺失和深圳房价的快速增长。在近四十年的探索过程中，既有着大刀阔斧的住房制度的框架形成过程，又有着迷失改革方向、偏离社会保障功能的徘徊过程；既有着住房制度改革微观政策调整的不断矫正过程，又有着重新回归改革初心和理念，启动新历史时期住房制度改革的过程。

在深圳改革开放几十年经济社会发展的历程中，在经济特区几十年探索的一系列重大改革创新过程中，像住房制度改革经历这么曲折复杂的过程，对深圳经济社会、城市建设带来如此广泛深刻影响的情况，还是比较少见的。因此，在进一步深化住房制度改革，确定深圳未来住房制度改革方向的时候，实事求是地反思、回顾、总结过去住房制度改革的经验教训和得失利弊是非常重要的。从历史上来看，深圳住房制度改革大体经历了以下四个基本阶段。

1. 以保障房为主导的住房制度改革取得初步成效

1980 年初深圳经济特区建设刚刚起步，在我国经济运行由封闭转向开放，由传统计划经济向市场经济转轨过程初期，特区的拓荒者面临着各种各样的困难和挑战。最初，为了解决特区建设急需的生活资料、生产资料、建设资金、建设队伍等发展要素，他们发扬敢闯敢试的精神，率先引进市场经济的因素，发挥市场调节作用，大胆对生产资料、生活资料等价格进行改革，打破计划经济的束缚，建立商品生产资料市场、资金市场、劳动力市场等。他们利用 20 世纪 80 年代初改革开放初期出现的价格双轨制的过渡性体制机制，吸引了大量的生活物资、生产资料，各类人才涌入深圳，解决了特区建设初期生活资料、生产要素等缺乏的困难，创造了深圳速度，开创了深圳发展历史上的热火朝天的火红年代。

随着特区建设和经济发展的全面展开和人口的急剧增加，对住房的需求日益扩大，大批参加特区建设的干部和职工的住房问题则成为特区进一步发展的突出矛盾。应该说，以梁湘同志为书记的深圳市领导班子，对特区干部、职工的住房问题高度重视，并尽最大努力缓解住房紧张的局面。从 1979 年到

1987 年，在特区建设资金紧张的情况下，深圳住房建设投资仍占特区总投资的 23%，达到 22.4 亿元，住房投资平均年增长 40%，住房竣工面积近 600 万平方米。

尽管市政府花了很大的投资，使住房竣工面积年均增长 37.74%，超过了同期人口年均增长 31.24% 的幅度，但住房问题不仅没有得到基本解决，反而缺房户越来越多。据有关部门调查，1983 年深圳特区缺房为 5000 户，而 1987 年缺房户达到 22000 户。究其原因，根本上是计划经济体制下的福利住房制度存在着根本的缺陷，难以适应改革开放和市场经济发展的实际需要。主要表现在：从理论上讲，计划经济体制下城镇住房实行的由政府和企业统建统包的福利分房制度，不能适应市场经济条件下政府体制和企业体制改革的新形势，难以理顺市场经济体制下政府、企业和个人在住房体系中的关系，政府没有能力也不可能为社会所有成员提供免费的住房，企业也不可能承担不断流动的企业员工的全部住房的责任，个人在市场经济中对买房并拥有个人财富的积极性也无法得到充分发挥。从实践上看，大量的没有任何回报的住房投资对处于经济发展初级阶段的地方政府来讲也是难以为继，几乎免费的低廉的租金难以维持住房日常维护和保养的需要，特区建设初期面积 70 平方米的房屋租金不过 10 元，如此低租金无法适应人们对住房环境改善的需要。同时，在计划经济福利分房的特殊情况下，在以行政级别、工龄长短为主要分房依据的分配标准下，房子尤其是干部的房子越修越大，分房不公平的问题在所难免，群众意见越来越大。

特区建设初期传统住房制度与特区改革发展、城市建设之间存在的尖锐矛盾，逼着深圳市开启了中国住房制度改革的探索之路。同时，邓小平同志在 1980 年初发表了有关住房商品化改革的讲话，也为深圳特区住房制度的改革探索提供了重要依据和外部环境。邓小平同志在 1980 年 4 月 2 日就对住房改革提出了重要的原则。他提出："要考虑城市建设住宅、分配房屋的一系列政策。城镇居民个人可以购买房屋，也可以自己盖。不但新房子可以出售，老房子也可以出售。可以一次付款，也可以分期付款，10 年、15 年付清。住宅出售后，房租恐怕要调整。要联系房价调整房租，使人们考虑到买房合算。"①深圳 20 世纪 80 年代以邓小平同志讲话为基本原则的住房制度改革、探索，大体经历了两个阶段：梁湘同志主政期间初步框架搭建时期，李灏同志主政时期住房制度改革进一步完善和出台时期。

梁湘同志 1983 年 5 月 19 日主持常委会就提出商品房改革问题，随后 11 月率团出访新加坡，考察新加坡住房制度，提出学习新加坡设立住房建设基金，加快住房商品化的改革。1984 年到 1985 年初，市常委会进一步研究并出台《深

① 杨慎：《〈邓小平关于建筑业和住宅问题的谈话〉发表纪实》，《中国发展观察》2010 年 5 月 4 日。

圳经济特区行政事业单位干部职工住宅商品化试行办法》（深府〔1985〕40号）（以下简称《办法》），正式拉开了深圳住房制度改革的序幕，《办法》明确提出“改革干部职工住房制度，逐步以经济手段取代行政分配，加快住宅建设资金的回收与周转，实行住宅商品化，促进住宅产业的发展”。在加快干部职工住房制度改革的同时，深圳也同时启动商品房的开发建设。深圳成立了全国第一个房地产公司——深圳特区房地产公司，开发了全国第一个商品房小区——东湖丽苑。深圳在发展商品房过程中，学习借鉴了香港很多商品房开发建设销售的经验，包括：商品房预售、银行按揭贷款、市民分期付款等，满足了当时外商及少数富裕人群对商品房的高端需求。

在1986年李灏同志主政以后，深圳进一步全面深化住房制度改革，并成立了深圳市住房制度改革领导小组及其办公室，对深化住房制度改革进行了全面系统的研究，借鉴中国香港以及新加坡的经验，提出了以住房保障为主导、将住房商品化和住房保障结合的具有深圳特色的住房制度改革方案，并于1988年6月正式发布实施《深圳经济特区住房制度改革方案》。这个方案是中国从计划经济向社会主义市场经济转化中的具有制度创新意义的、全国第一个系统的住房制度改革方案，成为深圳四十年改革开放历史上标志性的重大改革之一，在深圳发展史上发挥了重要作用。随后，深圳又组织有关力量对改革方案进行完善修改，并于1989年发布《深圳经济特区居屋发展纲要》，最终形成“双轨三类多价制”的深圳住房制度的深圳模式。

从几十年深圳乃至全国住房改革的经验教训来看，20世纪80年代深圳住房制度改革的基本方向是正确的。首先，改革方案取消和破除了计划经济体制下住房实物福利化分配模式，正式确立了住房货币化、商品化的体制机制，符合社会主义市场经济体制的规律。其次，“双轨制”体现了住房保障性和商品性的基本特点和以保障功能为主导的基本模式，符合国际现代住房制度的规律,体现了政府应有的住房保障基本职能。再次，住房改革后对干部职工增发住房补贴，保障了住房制度改革后不过多增加市民住房负担，不降低甚至提高了市民的生活水平。最后，提高房租，解决了住房日常维护的经费来源，保障了住房物业管理水平的提高和住房环境的改善。

在2003年以前，深圳近二十年的实践证明，20世纪80年代初启动的深圳住房制度改革的方向和基本政策是正确的，并取得了基本成功，为保障改善深圳居民的住房和促进房地产业健康发展发挥了重要的作用。

一是基本上满足了深圳不同群体不同层次的住房需要。20世纪80年代初开始实行的“双轨三类多价”的深圳住房模式，在随后近二十年的实践中，虽然个别具体方式有所调整，但大体上坚持了基本方向和基本政策，并采取一系列举措使改革的方案大体上得到了落实。随着深圳特区的建设和发展，深圳党政机关事业单位人员大部分居住在政府修建的准成本或全成本的福利商品房之中；企业尤其是国有企业员工住在企业利用政府优惠的土地资源修建的微利商品房之中；外商和民营企业家及少数先富起来的群体住在房地产商开发的高档的商品房之中；外资和民营企业的基层员工大部分住在由企业在工业园区自建的职工集体宿舍之中；城市流动人口及部分中低收入群众大都住在深圳城中村原居民提供的廉价出租房之中。除少数高收入群体居住的商品房外，虽然社会各个阶层居住的实际条件和标准还不是太高，但大体上与当时深圳经济社会发展水平及各个群体的收入水平、富裕程度相适应，因此市民的住房问题并没有引起社会激烈的矛盾。

二是为国家住房体制改革提供了宝贵的经验。深圳 1988 年出台的住房制度改革方案及其随后的改革实践，得到了国家有关领导和部门的高度肯定和评价。1992 年，国务院有关部门专门在深圳召开座谈会，肯定深圳的房改经验和做法，深圳市住宅局当年荣获联合国人居中心授予的“人居荣誉奖”；在 1993 年全国第三次房改工作会议上，深圳向全国系统地介绍了住房制度改革的经验做法；深圳在 1997 年被评为全国房改工作先进城市；等等，这些都充分发挥了深圳经济特区改革开放先行先试的示范带头作用。

三是住房制度改革使深圳普通市民第一次拥有自己的私人财产和不动产财富，从“无产阶级”变为“有产阶级”，不仅使市民安居乐业，而且有恒产者有恒心，大大激发了社会大众创造财富的积极性，为深圳的经济发展注入了强大的动力。早在梁湘同志主政时期，市政府出台的《深圳经济特区行政事业单位干部职工住宅商品化试行办法》中就明确规定，干部职工“购买的房屋、产权归个人所有，在全部房款付清后，由市政府发给住房产权证书，受国家法律保护”。从1988年到1999年深圳一直按准成本价、全成本价、社会微利售房的政策，使职工取得了住房的使用权和占有权。1999年深圳又出台政策在职工原购房价格的基础上，通过补缴一部分价差，使职工获得全部产权，让这些住房转化为商品房，从而使得这些职工在改革开放后真正拥有自己的私人不动产。虽然这种做法有不少争议，但毕竟开了中国住房制度改革的先河。

四是加强商品房建设,促进深圳房地产市场健康发展。“双轨三类多价”房改方向确定后，深圳市政府通过良好的机制和不断增强的财政实力，兴建了大批政策性住房，解决了大量干部职工保障住房问题。从1988年到2004年深圳市共完成1715万多平方米的属于成本价、微利价的安居房、经济适用房的建设。同时，也调动了房地产开发企业的积极性，推动了房地产业的健康发展，兴建了相当规模的商品房，为高收入群体提供了多样化选择，满足了他们的实际需求。由于房地产业的发展对上下游产业链的强有力的带动作用，商品房的建设对深圳经济的发展起到了重要作用，在深圳经济结构中的重要性不断加强。

五是保持了深圳商品房价格的长期稳定。以保障性为主导的“双轨制”的住房制度，比较好地划清和处理好了政府和市场在城市居民住房中的职能定位和相互关系，商品房主要由房地产开发商根据市场需要，由市场调节商品房的供需平衡，保持了商品房市场的大体供求平衡和商品房价格的长期稳定。1990—2003 年原特区内中心区的房价大体上在每平方米 4000~5000 元，原特区外的房价每平方米不到 2000 元，年增长速度通常在 5% 上下，直到 2004 年深圳房价才突破了每平方米 6000 元。

六是促进了深圳物业管理水平的提高，改善了城市各个阶层和群体的居住环境，提高了城市现代化水平。在“双轨制”的住房制度下，保障性住房由于住房制度改革后提高了房租，改变了传统福利分房制度下低房租给物业管理、维修带来的入不敷出的困难，直接促进推动了物业管理水平的提高和物业管理产业的发展。市场商品房小区由于业主对物业管理要求相对高，更进一步催生和带动了深圳整个物业管理行业的发展和水平的提高。在 2003 年以前二十多年内，深圳成为物业管理行业的诞生地和领头羊，不仅改善了居民的居住环境，而且在解决就业、加强基层管理、创新社会治理等方面都发挥了重要作用。

在充分肯定深圳住房制度改革的同时，也应客观、实事求是地认识到它的时代局限性和不足。深圳住房制度改革的方案是 20 世纪 80 年代制定出台的，受到了当时人们对现代住房制度的认识水平，以及受所处经济发展阶段、社会结构、人口结构状况的限制，深圳住房制度改革也有不足和局限性，遗留了一些历史问题，主要是：

第一，虽然坚持了住房以保障性为主导的基本方向，但是保障的覆盖面考虑得不周全。从深圳当时的经济结构、社会结构来看，民营经济发展处于起步阶段，珠三角世界工厂还未形成，以服务业为主的第三产业还不发达，因此当时保障的主要对象是党政机关事业单位的干部职工、国有企业的员工，即通常所讲的体制内的人员；而对体制外民营企业、三资企业，包括各种专业机构在内的服务业以及社会组织等各类人员，并没有纳入住房保障的范围。随着深圳经济的发展和社会结构的变化，体制外的各类人员成为深圳社会结构的主体，而住房制度的保障范围未及时作出调整。

第二，确定住房保障对象不是以收入水平为标准，而是以单位、企业以及个人身份为基本依据，尤其是在保障房的结构上，廉租房的遗漏是早期住房改革的最重要的结构性缺失。根据当时住房改革设计者的规划设想，到 2000 年，深圳市符合条件的市民都能住上一套单元式住房，现在看来，这种规划设想应该是带有部分理想主义的美好愿望。在经济发展历史上，即使经济再发达，总会有部分中低收入群体、尤其是低收入家庭没有实现“居者有其屋”的目标，像在新加坡、中国香港这样的发达地区，至今仍有一批低收入群体住在政府提供的廉租房里。正因为深圳住房制度中廉租房的结构缺失，使得深圳经济发展过程中中低收入、尤其是低收入群体住房遇到了特别的困难，形成新的社会矛盾和社会问题，没有很好地实现对社会公平的要求。

第三，以户籍人口为保障对象，也是深圳住房制度设计的重要缺陷。由于受当时对深圳的人口增长、社会结构变化估计不足的影响，住房保障仅仅局限于户籍人口。随着深圳城市人口规模迅速扩大和户籍体制改革的长期滞后，深圳户籍人口始终仅占常住人口的30%左右，占社会实际管理人口的20%左右，比如2017年深圳常住人口1252.83万人，而户籍人口仅434.72万，这就意味着2/3即超过800万非户籍常住人口被排斥在住房保障制度之外。这800万非户籍常住人口又基本是深圳低收入的劳务工，他们长期在深圳工作，是深圳经济社会发展不可缺乏的重要组成部分，为深圳的各方面事业作出了重要贡献，但他们大都拿着较低的工资，无法享受政府应该提供的基本的住房保障，被迫居住在条件差的城中村原居民建造的廉价出租房之中。深圳住房制度的这个缺陷，其原因主要不在20世纪80年代住房制度改革的设计者，而在于几十年来深圳市政府受自身利益和户籍群体的制约，在户籍制度改革上长期滞后；在于后来住房制度没有能随着人口结构的变化而及时调整。假如深圳户籍制度能不断地改革，或增大户籍人口占常住人口的比例，或者把常住的非户籍人口纳入社会住房保障体系之中，就能更好地体现公平正义、共同富裕、和谐社会的要求。

第四，保障性住房没有封闭运行，直接进入市场，使住房制度改革在政策上缺乏连续性，对部分社会成员造成不公平。从国际现代住房制度以及未来进一步深化住房制度改革的要求来看，带有低于市场价格、保障性质的房子通常封闭运行，与商品房市场隔离，这样既可保持保障房的合理周转，防止保障房的流失，维持保障房的充足可供应的数量；又可防止少数人利用保障房进入商品市场获取不合理、不公平的社会公共资源。深圳 1999 年实施保障房、安居房上市措施，应该说过分强调“售”房的必要性，给部分早期购买了房改房的党政机关事业单位送了个“大红包”，明显带有局限性。

2. 偏离以保障为主导的改革路径，深圳住房制度方向的迷失

从深圳住房制度改革的历史进程来看，以 2003 年深圳市出台《深圳市机关事业单位住房分配货币化改革实施方案》为标志起点，至 2011 年深圳市人大出台《深圳市保障性住房条例》为终点，深圳偏离和改变了 20 世纪 80 年代出台的以“双轨三类多价”为基本框架的、以保障性为主导的住房改革路径，使深圳住房制度改革进入了迷失方向、徘徊曲折的特殊阶段，应

该说深圳住房制度改革走了一段弯路。（图 2–1）

深圳市人民政府文件

深府〔2003〕104 号

关于印发深圳市机关事业单位
住房分配货币化改革实施方案的通知

各区人民政府，市政府直属各单位：

《深圳市机关事业单位住房分配货币化改革实施方案》已经市政府同意，现予印发，请认真组织实施。

二〇〇三年六月六日

图 2–1　关于印发深圳市机关事业单位住房分配货币化改革实施方案的通知

深圳 2003 年后住房制度改革的方向性调整主要体现在五个方面：一是将改革的指导思想调整为促进住房市场化和住宅产业化上来，改革的目标调整为以市场配置为主导的住房供应体系，本质上是将深圳房改方向从以社会保障为主导的住房制度改为以住房商品化为主导的住房制度。二是将住房改革的基本框架从“双轨三类”调整为单轨，政府停止建设和分配全成本微利房，以及为党政机关事业单位职工建保障房。三是停止包括国有企业在内的所有企业利用自己的土地建设供本企业员工需要的商品房。由于停止了保障房的建设，使深圳整个住宅建设中，商品房的比例通常占95%左右，如2005年深圳商品房建设在总住宅建设中占92.6%。四是将住房保障的范围缩小为户籍居民中极少数的享受最低生活保障的住房困难者。据2006年普查，深圳市符合享受住房保障标准条件的仅有5061户。五是撤销专职保障性住房建设、分配的机构，即深圳市住宅局，组建深圳市国土资源和房产管理局，原住房管理职能并入新的机构，这样从政府机构设置上也适应了以市场化主导的住房制度的功能转变，为政府推动房地产市场和实现房地产为主导产业的目标提供了组织保障。

从2003年深圳104号文件出台到2011年市人大出台《深圳市保障性住房条例》近八年时间，虽然在房价飞速上涨、国家对房地产价格调控，以及国务院对各地经济适用房、廉租房等保障房建设的要求下，深圳市政府也提出了保障性住房的计划，但由于种种原因，这些计划大部分并未实现。其中，2001—2005年“十五”期间市政府建设提供的保障房每年仅为2000套，应该说保障性住房的建设基本处于停建时期。2006—2010年“十一五”期间深圳市全市竣工保障房约2万套，只完成了计划的12%，与上千万人口的特大城市的需求相比相差甚远。在此期间,市政府虽然也发出过一些保障人才住房、保障低收入困难家庭住房的文件，但由于多种原因，这些文件并未得到有效落实。

由于2003—2011年深圳住房制度出现方向性的失误，给深圳市民住房和经济社会发展带来四个方面的深刻变化和长远影响：一是使深圳的商品房价格实现跳跃式飞涨，深圳房价从2003年每平方米5000元左右到2010年突破20000元大关，七年时间增长了近300%，平均每年上涨22%。二是房价快速上涨带动了房地产产业发展，使房地产成为深圳重要的支柱产业和主导产业，并使卖地以及与房地产有关的收入成为地方财政的重要组成部分，由此引起深圳产业结构和财政收入结构的变化。三是房价快速增长远远超过普通市民经济可承受能力，使中等收入群体失去了购房的能力，买房、租房成为深圳大多数无房家庭和青年人的“三座大山”之一，成为深圳经济社会领域的突出矛盾之一。四是即使对极有困难的、享受城市最低生活保障的家庭而言，住房也没有真正得到解决。据2006年普查，深圳户籍中享受城市最低生活保障的住房困难的家庭5061户，其中享受廉租住房及住房救助的不足40%，至于更多非户籍人口中极为困难家庭住房更是无法得到应有的救助。

3. 深圳住房制度改革方向的纠偏和重大政策的调整

2011年到2016年是对前期以市场化为主导的深圳住房制度改革的调整时期。之所以调整和纠偏，从一定意义上讲，是前一时期房改方向带来的严重后果以及在外部压力下被迫进行的调整。调整和纠偏的背景大体上来自四个方面：

一是从2010年到2017年深圳的房价像脱缰的奔马，失去理智和控制，一路狂奔。从2010年的每平方米20297元到2016年超过50000元大关，达到每平方米53455元，暴涨速度之快，在全球特大城市中少有，并且在全国起了引领作用，引爆了全国一、二线城市群的房价齐涨，成为全世界房价收入比最高的城市。这样的房价水平，几乎使所有工薪阶层买不起房。按2016年房价计算，一家三口买60平方米的商品房，人均可支配收入至少要达到63423元，而符合这一标准的人数不足深圳户籍人口的20%，不足常住人口的10%，不仅城市中等收入群体买不起房子，甚至中高收入，包括属于高收入阶层的企业高管，都难以买得起房子了。高房价成为市民反映最强烈的问题。

二是高房价危及了深圳高科技、金融、物流等支柱产业的生存，危及了整个深圳产业体系的可持续发展。深圳房价跨越每平方米5万元大关后，不仅对居民买房、租房产生了长远影响，而且由房价引起的一系列价格的连锁反应，对深圳的产业体系也带来极大的冲击。这种冲击首先表现在大量高端制造业的外迁、离开深圳，到周围地区设厂办企业。如前所述，深圳2006年前企业外迁的主要原因是劳动力成本增加，外迁的大多是劳动力密集的中小型企业和台资、港资企业；而2016

年后外迁的企业不少是因为深圳房价太高、厂租太贵，而且相当数量是大中型比较高端的制造业，使深圳产业空心化的风险加大。其次表现为高房价对人才包括高层次人才的吸引力大大降低。深圳是个年轻的、有活力的创新型城市，年轻人是深圳的支柱产业尤其是高科技、金融等产业的主导力量，高房价不仅影响深圳吸引国内外应届毕业生来深圳创业发展，而且对现有在深圳工作和创业的人才也产生了极大的挤出效应。城市的竞争、企业的竞争，说到底是人才的竞争，哪个城市、企业能吸引和留住人才，尤其是年轻人，哪个城市、企业的发展就充满希望。如果高房价逼走和吓退青年人才，深圳的经济活力和创新能力是难以长期持续下去的，这一点此时几乎形成深圳全社会的共识。

三是房价的陡涨给深圳的经济带来极大的风险，对深圳经济的长期发展带来威胁。深圳是中国内部的区域金融中心，金融机构的存款、贷款总规模仅次于北京、上海，在全国处于第三位，金融服务业在深圳 GDP 中占 10% 以上。根据有关方面估计，深圳金融机构贷款总额中 60%~70% 与房地产存在直接关联，包括居民个人买房抵押贷款、房地产企业的贷款、企业银行贷款中的房地产为抵押担保等，个别中小银行几乎都是与房地产有关的贷款。深圳的房价陡涨，不到两年从每平方米 2 万元上升到 5 万元以上，给深圳的金融系统带来极大的风险。假如深圳房价回归理性，产生了较大幅度的调整，不仅会造成一批中产阶层购买的房产变成负资产，对社会的稳定带来极大的影响，而且也会造成银行大量的不良资产，引发金融领域的系统性风险，对深圳金融业的发展以及区域性金融中心地位也将产生冲击。

四是国家领导人的讲话和中央有关部门的要求。由于十多年来国家对房地产调控政策及各地贯彻中央供给侧结构性改革中去库存出现的偏差，尤其是 2015 年下半年深圳引发的全国的大中城市房价的快速上涨，对全国经济社会发展带来了重大冲击和风险，引起了国家的高度重视。为此，中央调整了住房制度改革的基本方向，并用高压的行政手段强压各地房价。主要表现在：一是国家最高领导人对住房的重新定位。习近平同志在 2016 年 12 月 16 日中央经济工作会议上提出了“房子是用来住的，不是用来炒的”的讲话，确定了我国住房工作和房改应以住有所居为总目标。会议特别强调要重点解决好中低收入、最低收入群体和需要在城市定居的农民工的住房问题，建立“多主体供应，多渠道保障，租购并举”的住房制度，从而将国家近二十年以住房商品化占主导的住房制度改革方向，调整为以社会保障占主导地位的住房方向。二是 2015 年国家有关部门对各地区实行了差别化的房地产调控政策，对深圳等一线城市提出房价只能环比、同比下降的要求。

在以上四个主要背景下，深圳从 2011 年开始，对住房制度改革中出现的问题进行调整和纠偏，主要采取了以下五个方面的措施并取得了一定的成效。

一是2011年深圳市人大出台《深圳市保障性住房条例》（以下简称《条例》）。《条例》虽然还是很大程度上立足于稳定经济发展，提高城市竞争力，但《条例》中提出在保障户籍人口中低收入群体的住房的同时，更加重视解决人才住房的问题，而在政府确定的人才的概念和范围中，大多数属于中低收入的有学历的青年人，因此《条例》的出台客观上也发挥了对城市中低收入群体的住房保障作用。《条例》还在保障性住房建设规划、资金来源、价格确定、保障房的分配程序、资格认定标准等方面作出了具体规定。应该说，《条例》对深圳住房制度改革方向的调整和纠偏起了重要作用。

二是加快了保障性住房的建设。在2003年至2005年期间，深圳市保障性住房建设基本停止，2005年至2010年“十一五”期间，每年向社会提供的保障性住房2000套左右，数量也极为有限。自从2011年出台《条例》之后，深圳市开始采取多种方式加快建设保障性住房，包括引进市场机制动员社会力量加快建设，引导企业参与定地价、定房价的安居型商品房的建设，通过代建总承包、代建招标、建设—转让（BT）、建设—经营—转让（BOT）等多种方式加快建设速度。深圳市根据保障对象分别提出安居型商品房、公共租赁住房、人才住房、经济适用房、限价商品房等类别众多的保障性质的住房建设方案。

从 2011 年至 2015 年整个“十二五”期间，深圳供应的各类保障性住房 11 万套，平均每年达 2 万套左右，是“十一五”期间每年提供 2000 套的 10 倍。从 2016 年至 2017 年每年向社会提供保障性住房达到 4 万套以上，比“十二五”期间每年提供的数量又增长了一倍左右。（图 2–2～ 图 2–5）

三是把解决人才安居问题摆在更加突出的地位，提出人才安居工程。由于高房价给深圳这座以创新、活力为特征的新型城市带来严重影响，深圳 2010 年出台《关于实施人才安居工程的决定》，提出了人才安居工程的保障对象、标准和方式，以及加大人才住房的具体措施，尤其是对重点大企业的科技人才提供了整批供给的特殊政策，满足了少数高科技重点企业人才住房的需要，对于稳定这些企业在深圳的生存与发展起了一定的积极作用。同时对于近期无法保障实物购房、租房的人才，深圳市采取了货币补贴的方式，对符合条件的人才进行资助。“十二五”期间，深圳市区发放的各类人才的住房补贴近 20 亿元。2016 年、2017 年对人才的住房货币补贴的数额进一步扩大。虽然深圳采用的人才住房保障的指导思想有一定的局限性，确定人才的对象标准也不尽合理，从建立比较完善的住房保障制度来讲，人才保障住房可能是阶段性的、不可持续的一种特殊方式，但客观上对属于中低收入阶层的新进来的大学以上学历的青年人提供了一定程度的住房保障、对保持深圳对青年人的吸引力和城市活力、对保持深圳的创新创业环境、对深圳高科技产业的稳定和发展起了一定的积极作用。

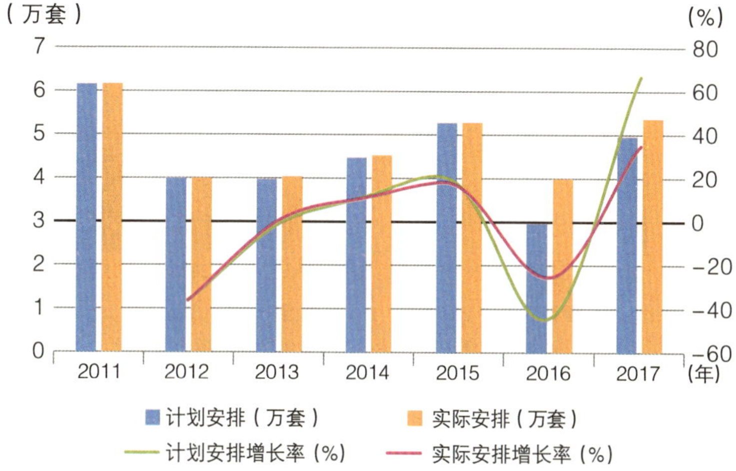

图 2-2　2011—2017 年深圳保障性住房安排情况

数据来源：深圳市住房和建设局

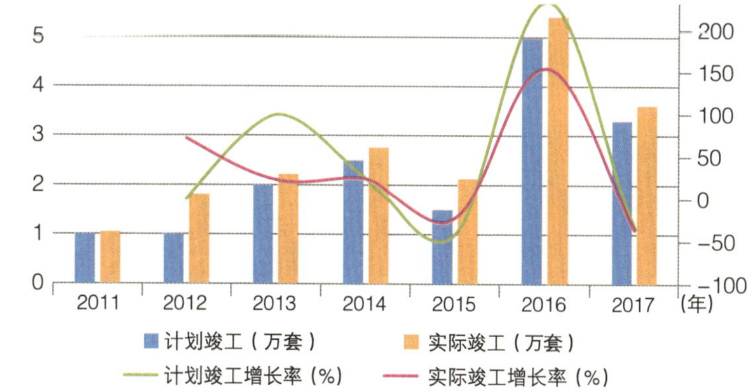

图 2-3　2011—2017 年深圳保障性住房开工情况

数据来源：深圳市住房和建设局
注：2016 年和 2017 年的数据包含筹集的项目

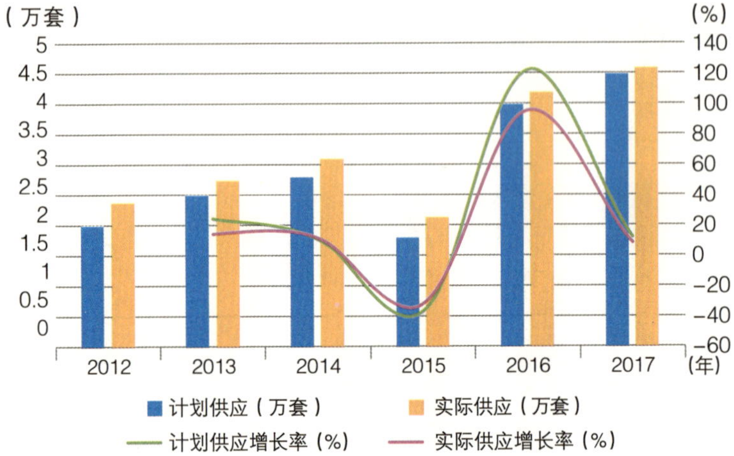

图 2-4　2012—2017 年深圳保障性住房竣工情况

数据来源：深圳市住房和建设局
注：2017 年的数据包含基本建成项目

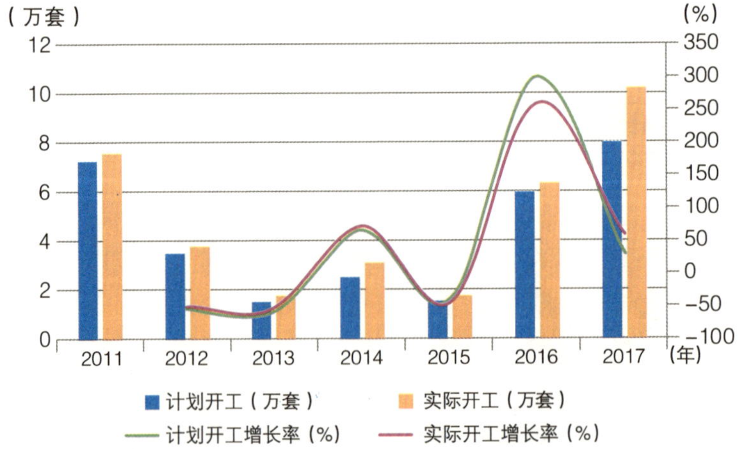

图 2-5　2011—2017 年深圳保障性住房供应情况

数据来源：深圳市住房和建设局

四是进一步完善了住房公积金制度。深圳于1992年建立了住房公积金制度，但当时住房公积金的设计存在制度缺陷：从形式上看，住房公积金以地方法规形式发布，对企业并无强制性的约束力；从内容上讲，住房公积金功能上不能贷款；从缴纳主体上看，只有企业为职工缴纳，职工个人并不缴纳。在当时环境下，深圳市民对购买市场商品房的需求并不是太大，加上政府对建设保障性住房的资金需求并不十分迫切，无论是企业、个人、政府对住房公积金都持消极态度，深圳住房公积金处于不死不活的“僵尸”状态。从1992年到2010年近二十年时间，住房公积金每年征集收入不足2亿元，支出不足1亿元。

随着深圳市2003年后住房社会保障制度的缺失和住房商品化带来的房价快速上涨，市民个人买房承受的压力越来越大，对买房贷款需求剧增。为此，深圳市政府2010年出台了《深圳市住房公积金管理暂行办法》，确定了住房公积金新的功能和定位，把支持居民基本住房消费作为公积金最基本的功能定位。截至2015年底，深圳市累计开立个人住房公积金账户达933.15万户，实缴人数为538.34万人，跃居全国第三位，累计归集资金1479.91亿元，住房公积金累计提取笔数1269.97万笔，提取总额581.15亿元，为缓解市民购房资金不足起了积极作用。

五是用计划经济条件下的“价格管制”的方式，从商品房供给侧控制了深圳房价继续快速上涨的趋势。2015年下半年到2016年上半年，深圳在一年左右的时间房价失控，每平方米价格从2015年初不到3万元上涨到2016年的5万元以上，并带动了全国大中城市房价最大一轮的涨价潮，对深圳及全国经济社会发展产生了重大影响。为落实习近平同志提出“房子是用来住的，不是用来炒的”讲话要求，国家有关部门对深圳等一线城市房价调控提出环比、同比零增长的调控目标。从实践上看，继续从买房的需求侧采取限制买房资格、买房数量的行政手段以及用提高首付支付比例等经济手段，难以实现国家对房价调控的目标要求。在中央的巨大政治行政压力下，深圳从房地产开发企业供给侧入手，采取价格管理的行政手段强压房价，包括对房地产企业出售商品房时间、销售价格实行名义上的备案管理、实际上行政核准的方式，冻结了2017年的房价，使深圳房价2017年每平方米为54445元，仅比2016年每平方米53455元上升了1000元，上涨幅度不到2%。这个水平并不真实地反映深圳的房价水平，使深圳房价出现了新出售商品房与二手房严重倒挂的奇特现象。

在2011年至2016年，深圳通过上述五个基本方面的措施，使深圳住房制度改革的方向得到了一定程度的纠偏和调整，住房保障性功能又进一步得到了加强，高房价引起的各个方面尖锐矛盾得到了一定程度的缓解，主要表现为：

一是将2016年达到高峰的房价通过计划经济、行政手段冻结起来，控制房价的涨跌幅度。虽然这种方式方法不符合发展市场经济的基本要求，但在现有政府管理水平、执行能力的条件下，要在短期内取得对房价的有效抑制似乎也没有更好的办法。深圳在实践上通过价格管控在短期内也确实能够控制房地产市场上的过度投资、过度炒房，减轻了社会对房价进一步攀升带来的恐惧，为进行住房制度的长期政策调整和房地产市场调控、为建设更多的保障性住房赢得了一定的时间和空间。从某种意义上讲，作为过渡性措施，在一定时期内，这种价格管控的方式还是有一定的合理性和必要性。

二是进一步扩大了保障性住房的覆盖面，缓解了部分中低收入户籍居民住房的困难。其中，对户籍中享受低保的或部分低保边缘的特困家庭，基本上做到包括廉租房或货币补贴方式在内的应保尽保。对一些人才的保障性住房给予了特别照顾，通过发房补的方式对大学以上学历的青年人给予了适当的资助，一些重点科技企业通过整批售房或实行自建用房等方式，解决了本企业技术和管理人员的住房困难，为这些企业的经营发展改善了外部环境。“十二五”即2011—2015年期间，深圳提供了各类保障性住房11万套，供应量是“十一五”即2006—2010年的10倍，惠及户籍人口达30万人以上，应该说深圳市政府还是尽了很大努力，取得了显著成效的。

三是保障性住房的分配方式与前些时候相比进一步规范化，公平性得到更好的体现。“十一五”期间，不仅保障房的规模较小，而且在分配方面，政府试图主要用行政办法处理分配中的公平问题。但是由于种种原因，在保障房质量、价格、分配公平、办事效率等方面也出现过不少问题，引起社会比较大的反映，甚至造成相当多的规模较大的群体性上访事件。随后深圳市转变政府职能，学习中国香港、新加坡等地的经验做法，通过市人大立法，制定《深圳市保障性住房条例》，用立法形式、法律手段、法制环境，确立并解决保障性住房分配的准入、退出、监管、法律责任等问题，建立规范透明的保障房的租售“轮候库”，完善社会诚信制度。这不仅提高了保障性住房的分配效率，分配时限缩短一半以上，而且基本形成了保障性住房阳光分配机制，体现了保障房分配中的公平要求。

从 2011 年到 2016 年，深圳对住房改革方向上的纠偏和调整是必要的，住房制度从以市场商品房为主开始向以保障性住房为主转变，并基本形成市场化和保障性并重的格局。但由于多种原因，在纠偏和调整过程中也存在很多不足。首先，受政府自身利益的驱动，住房制度改革方向的纠偏和重要政策的调整还不完全到位，在实践上带来很多矛盾和问题。比如政府一方面继续在背后推高地价和房价，使深圳的拍卖地价和房价屡创新高；另一方面又加快了保障性住房的建设和分配，造成了房价越高，市民越买不起房，对保障性住房需求越大，买房住房困难的群众越多。其次，在总的指导思想没有切实转变到以保障性为主导的情况下，很难作出总体的长远的稳定的制度安排和政策设计，从而使出台的不少政策前后矛盾、互不衔接，给未来长远的住房制度改革遗留下不少问题。比如在保障性住房类别中，同时存在安居型商品房、公共租赁住房、人才住房、拆迁安置房、经济适用房、限价商品房等，保障的对象交叉，保障标准多种，各种类型保障房的准入条件不尽合理。再次，在保障性住房建设和分配中，政府、企业和个人三者关系的界限不清，在某些方面出现了企业承担了部分政府职能，而在另一些方面，也出现了对少数企业给予特别待遇，造成了企业之间和社会不同群体之间的新的不公平现象等。

4. 以保障为主的现代住房制度改革的重新启动

深圳住房制度改革经历了从 2003 年到 2017 年大体上十五年时间的曲折反复。2016 年，深圳市场商品房价格攀上市民、企业、政府、社会都难以承受的历史高点之后，在各种因素综合作用下，以 2018 年出台《深圳市人民政府关于深化住房制度改革加快建立多主体供给多渠道保障租购并举的住房供应与保障体系的意见》（以下简称《意见》）为标志，深圳的住房制度改革又回归 20 世纪 80 年代改革以保障性住房为主导的初心，回归到世界发达国家以保障公民住房基本权利为政府职责的现代住房制度的历史潮流，具体表现在以下几个方面：

*一是重新回归并确定以保障性为主导的改革指导思想。*比如，《意见》中明确提出“要正确处理住房的经济属性与民生属性的关系，把民生属性摆在更加突出的位置，以满足新市民住房需求为主要出发点，以建立租购并举的住房制度为主要

方向”。确定这样的指导思想，既是继承了深圳 20 世纪 80 年代末提出的住房制度改革的基本精神，又是经历了几十年发展变化后对住房制度和房地产市场重新认识的升华。虽然这个文件在具体政策措施上还存在不少缺陷，指导思想上还带有住房市场化更多的色彩，但回归到保障性为主导的住房制度改革的方向是值得肯定的。

二是提出了 2018 年至 2035 年保障性住房的目标。《意见》中提出的到 2035 年深圳市要再建各类保障房不少于 100 万套，确保户籍特困人员、低保及低保边缘家庭应保尽保，各类人才和中等偏下收入居民以及为社会提供基本公共服务的相关行业人员、先进制造业职工等群体的住房困难得到有效解决。尽管这个目标涉及的保障对象范围有待探讨，保障覆盖面也不高，也没有深圳市三十年前提出的“符合条件的市民都能住上一套单元式住房”的目标那么理想和令人振奋，但如能真正在未来二十年内建设 100 万套保障房，就真正能有效解决《意见》中确定的群体的住房问题，也是一个了不起的成就。

三是提出了“多主体供给，多渠道保障，租购并举”的具体措施。为实现住房保障目标采取的这些措施，从总体上讲应该是对的，尤其是“租购并举”是对 20 世纪 80 年代深圳住房制度改革中提出的“以售为主”甚至“只售不租”的原则的重要调整，也符合世界发达国家以保障为主导的现代住房制度的基本规律；多渠道保障也是大体符合深圳目前的客观实际的，当然多渠道中还是应该突出重点，发挥主渠道的主体作用；“多主体供给”也有利于调动各方面建设保障房的积极性。

四是学习中国香港、新加坡的经验，成立了市住房保障署以及专门从事保障房建设的国有独资企业——深圳市人才安居集团，为实现保障房建设和供应的计划目标提供组织保障，并且从2017年起进一步加大了保障房建设的规模，加快了建设速度。2017年全市筹集安居工程10万套以上，建筑面积达670万平方米，完成工程投资235亿元。2018年计划全市筹集安居工程10万套，如按照这个建设规模和建设进度，持之以恒，2035年确定的100万套保障房的目标是有可能实现的。

当然，2018年市政府出台的《意见》中，对住房制度改革涉及的一系列重要问题，尤其是在保障对象、范围、标准等一系列重要问题上，还有很大局限性，改革方向也不是很清晰，一些重要政策、机制以及体制创新方面仍有很多需要探讨的地方，但在深圳住房改革历史上，这仍然是住房制度改革回归正确轨道上的一个良好开端。（图2-6）

（二）深圳住房制度改革和房地产调控中的重要经验与教训

从上述四十年深圳住房制度改革和房地产发展的四个基本阶段来看，深圳的住房制度改革并非一帆风顺、一路高歌，而是经历了一个漫长的曲折发展、不断探索的艰难过程。在不

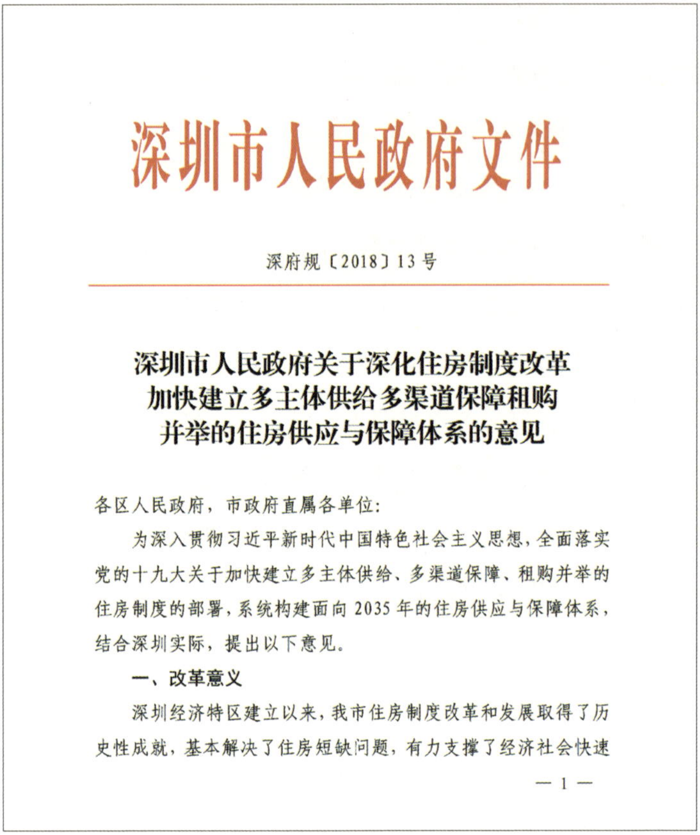

深圳市人民政府文件

深府规〔2018〕13号

深圳市人民政府关于深化住房制度改革
加快建立多主体供给多渠道保障租购
并举的住房供应与保障体系的意见

各区人民政府，市政府直属各单位：

为深入贯彻习近平新时代中国特色社会主义思想，全面落实党的十九大关于加快建立多主体供给、多渠道保障、租购并举的住房制度的部署，系统构建面向2035年的住房供应与保障体系，结合深圳实际，提出以下意见。

一、改革意义

深圳经济特区建立以来，我市住房制度改革和发展取得了历史性成就，基本解决了住房短缺问题，有力支撑了经济社会快速

— 1 —

图 2-6　深圳市人民政府关于深化住房制度改革加快建立多主体供给渠道保障租购并举的住房供应与保障体系的意见

断探索和实践过程中，深圳住房制度改革和房地产调控既取得了巨大的成绩，又存在很多不足和失误；既取得了丰富的经验，又有不少深刻的教训；既有对深圳经济社会发展起重要促进作用的一面，又有着为深圳经济社会发展带来深刻矛盾和问题的一面。回顾深圳乃至中国改革开放四十年的历史进程，站在深

圳作为中国改革开放试验场的历史角度，客观、实事求是地总结深圳住房制度和房地产业发展的经验教训是非常必要的。它既有利于帮助解决当前住房制度和房地产业发展中存在的矛盾和问题，更有利于未来深圳在现代住房制度方面的创新。由于住房制度和房地产发展涉及面广、问题复杂，对近四十年改革和发展历程的系统全面客观的评估和总结是非常困难的。概括起来讲，深圳住房制度和房地产发展在取得三条基本经验的同时，也存在着三条主要教训和失误。

深圳住房制度和房地产发展的三条基本经验是：

1. 率先打破计划经济体制下福利性实物分房制度，探索适应社会主义市场经济发展的、以保障性为主导的住房制度改革之路

计划经济体制的福利性住房制度是与整个计划经济体系紧密联系在一起的，国家机关、事业单位、企业职工的住房都分别由机关、事业单位、企业无偿按行政级别分配。对一些不了解计划经济体制下城镇居民住房情况的年轻人来讲，也许还非常向往过去的传统的福利住房制度。事实上传统的计划经济体制下福利性实物分房制度，并没有给城镇居民带来更好的住房条件。从 1949 年到 1986 年近四十年，全国城市居民人均住房面积仅为 5.5 平方米，除北京人均达到 7 平方米外，上海、天津、广州等大城市人均住房面积不足 6 平方米，不仅面积小，而且极为简陋，热水供应算是奢侈品。随着中国城镇人口的增长，政府、企业住房建设的包袱和负担越来越重，连人们最低标准、最差条件的住房都难以满足。由于当时的房租极为低廉，通常只占工资收入的1%，难以满足基本的维护条件，机关单位和企业住宅大院的房子“一年新，二年旧，三年破”是普遍现象，大部分住宅破旧不堪，环境恶劣。同时，计划经济下按级别福利分房的制度也未必公平合理，住房分配中的不正之风甚至腐败问题难以避免，处处可见。

面对着计划经济条件的旧的福利住房制度，深圳市在20世纪80年代初，从梁湘到李灏主政期间，发扬敢想敢试的特区精神，克服各种困难，在全国率先取消福利性实物分房制度，实行住房货币化、商品化的改革，制定了向机关干部和企事业单位职工增加工资、出售住房、回收货币、提高房租等系统的改革方案。这项改革对政府和企业来讲，不仅减轻了建房负担，而且回收了大量住房建设资金，滚动建设并向干部职工提供了更多的保障性住房。对干部职工来讲，使绝大部分干部职工在工资收入增加的基础上，通过购房，成为真正的有恒产者，“有恒产者有恒心”，激发了干部职工创造财富、积累财富的积极性，干部职工的住房条件大大改善。对于通过不同方式先富裕起来的部分人群来说，他们也通过购买商品房满足了不同收入层次的住房需求。对于房屋管理部门来说，由于房租提高，使之有条件改善住房管理水平和环境条件。在此基础上，深圳在全国最早诞生物业管理这一新的行业，提供了大批就业岗位。对银行来说，通过对个人购房的抵押贷款，增添了新的业务，盘活了存量资金，扩大了经营规模，取得了更好的经济社会效益。从深圳20世纪80年代到21世纪初近二十年改革的实践效果来看，深圳率先突破传统的计划经济体制下的福利分房制度，是一项利国、利民、利企、利社会等多方共赢的民生领域的成功改革案例，为中央20世纪90年代推动全国住房体制改革提供了宝贵的经验。

2. 最早实行土地使用权有偿转让并形成房地产商品市场，为中国要素市场的建立和完善，为房地产产业的发展，为深圳乃至全国城市现代化建设作出了历史性贡献

土地资源既是最重要的生产要素，也是国家、地区和企业个人最重要的财富。在计划经济体制下，土地是国家和集体所有，无偿使用不能转让，土地资源没有市场价值，巨大的土地资源难以成为真正的财富。20世纪80年代初，深圳特区的开拓者冒着违宪的巨大风险，敢于突破旧体制，借鉴香港土地制度的基本经验，在中国内地第一个实行土地使用权的有偿使用，实行土地使用权的转让和公开拍卖。在中国改革开放历史进程中，深圳在土地制度上这项重要突破，不仅成为深圳为国家提供的最重要的改革经验之一，而且对国家改革开放和现代化建设起了难以估量的作用。

21世纪以来深圳乃至全国，由于住房制度改革方向上的偏差以及其他原因造成的土地价格、商品房价格暴涨，地方土地财政的形成，对经济社会带来的后果，不能归咎于深圳创造的土地使用权有偿使用、转让所作出的改革探索，以及土地使用权转让及土地市场的形成发育的本身，原因应该在于深圳乃至全国在住房制度改革和房地产市场调控上的偏差。

在土地使用权有偿转让的同时，深圳市也是全国最早开放商品房、最早发展房地产市场的城市，在房地产业发展过程中形成的一系列探索创新，也为全国房地产业发展提供了宝贵的经验。早在深圳特区成立之初的 1980 年，深圳就借鉴香港的经验，成立了中国内地第一家房地产公司，即深圳特区房地产公司。该公司与香港企业家合作，开发了中国内地第一个商品房小区，即深圳东湖丽苑小区，并于 1984 年建成进入商品房市场，向境内外出售。随着商品房市场的发育和成熟，以及房地产市场的形成和发展，房地产业逐步成为国民经济体系中的重要产业，由于其对上下游产业的巨大带动作用，可以说房地产产业的形成和发展对深圳乃至全国经济社会发展和人民居住条件的改善都作出了重要贡献。

当然，与推动土地使用权有偿使用和土地市场发育一样，当初深圳特区的开拓者在推动市场商品房发展和房地产产业的形成之时，他们也没有想到几十年后房地产市场在为中国经济社会作出巨大贡献的同时，也带来了房地产价格过高及房地产市场的泡沫和风险。显然，当前房地产市场存在的问题，丝毫也不影响深圳创业者对房地产市场的开拓创新的历史功绩，以及对深圳乃至国家作出的重大贡献。

3. 率先探索实践以保障性为主导的“双轨三类”住房制度，为20世纪中国住房制度改革提供了成功的示范

从历史上看，对住房属性的认识，无论是西方市场经济国家还是社会主义国家，都经历过一个不断认识、不断完善、不断矫正的过程。经过长期的实践之后，世界发达国家已基本上达成共识，即住房具有双重属性，既有保障性的一面，为中低收入群体提供住房保障，是政府的基本职能之一；又有商品的属性，即居住、投资、交易、财富积累的市场功能。深圳在改革开放之初，借鉴中国香港、新加坡的经验，提出以保障性为主导的“双轨三类”住房制度改革模式，初步界定了政府与市场在住房制度中的关系。政府通过建设和提供成本房、微利房为大多数中低等收入的社会不同群体提供住房保障，市场通过房地产企业建设市场商品房，按照市场运作规律，为中高收入群体提供不同层次的住房需求，并逐步形成完善的房地产市场。深圳20世纪80年代的住房改革模式符合世界住房制度的基本取向，为中国20世纪的住房制度改革提供了示范，应该说是非常了不起的制度创新。

在住房制度改革方案出台后十五年左右的时间内，深圳基本上按照“双轨”的模式，进行了比较成功的实践。一方面深圳在财政实力不是太雄厚的情况下，从20世纪80年代到2003年，通过设立住房基金，通过不同渠道供应的保障性住房达27万套，加上企业建设的职工宿舍，基本上满足了中低收入群体的住房需求。虽然住房的质量和条件比不上商品房，但大体上与当时深圳的经济发展和市民生活水平相适应，中低收入群体住房问题虽然不能说全部解决，但社会在住房问题上并没有形成尖锐的矛盾。另一方面，深圳也充分发挥市场作用，积极培育商品房市场，规划一定比例的市场商品房，由房地产企业按照市场需求进行建设和出售，大体上满足了部分高收入群体对住房的多元化需求。尤其可贵的是，在近二十年的时间里，政府对商品房市场并没有进行强力的干预和调控，而是界定政府与市场的界限，遵守市场规律，反而使深圳市场商品房价格保持了近二十年的基本稳定，平均价格长期保持在每平方米5000元至6000元，直到2005年深圳的房价才突破每平方米6000元。相反，虽然2005年后，从深圳到全国不断加强对房地产市场的调控，但由于住房制度改革的方向偏差，使深圳房价从2005年的每平方米不到6000元暴涨到2015年每平方米5万元以上，上涨了近10倍。正反两个方面的经验教训证明，深圳20世纪80年代住房制度改革的探索和实践都是成功的。

深圳住房制度和房地产发展的三个基本教训是：

1. 住房制度改革方向转变中发生偏差

进入21世纪初，由于种种原因，以保障性为主的深圳住房制度改革发生了方向性偏差。以2003年深圳市府104号文，即《深圳市机关事业单位住房分配货币化改革实施方案》为标志，使深圳住房制度的方向和重点从保障性为主转向以商品化市场化为主，从而使深圳住房制度改革发生了偏差，给深圳经济社会发展带来深远的影响。

1998年发生的亚洲金融危机，给正在沿着市场经济方向快速发展的中国经济带来了深刻影响，为了保持国民经济稳定持续发展，国家把房地产作为拉动经济增长的突破口和主导产业。与这一重要战略决策互相配合，国务院1998年出台《关于进一步深化城镇住房制度改革加快住房建设的通知》(以下简称《通知》)，改革的指导思想是推进住房商品化、社会化，促使住宅业成为新的经济增长点。改革的目标是停止住房实物分配，建立以价格微利的经济适用房为主的多层次城镇住房供应体系，发展住房金融，培育和规范住房交易市场。这个文件实际上使中国的住房制度走上了商品化、市场化为主导的改革之路。

在国家住房制度改革的大环境下，深圳住房制度也发生了方向性转变，“双轨三类多价”的住房制度的以保障性为主导的改革取向，调整为以商品化市场化为主导的改革取向。这一方向的转变主要体现在2003年深圳市出台的104号文件之中，该文件的指导思想是按照“商品化、市场化、社会化”的原则，政府工作的重点是搞好住宅市场和住宅产业化的规划引导、宏观调控和保障协调，形成以市场配置为主导的住房供应体系。采取的最主要措施是政府停止建设和分配全成本微利房，各机关事业单位也不再为本单位建房，职工面向市场购买商品房，适当提高住房补贴，住房保障重点缩小为户籍人口中享受最低生活标准的低保住房困难家庭等。

深圳住房制度改革方向性转变和偏差，为深圳经济社会发展和居民生活带来深远的影响。首先，使深圳住房制度几乎丧失了保障性功能，将绝大多数中低收入群体都赶向商品房市场，使绝大多数市民无力承担购房的负担。按照新的改革方案，政府承担的住房保障对象仅仅是占户籍人口不到 1% 的享受最低生活保障的群体，其他所有群体几乎全部进入市场化商品化住房市场。随着 2005 年深圳房价进入快速上涨轨道，中等收入群体已无力购买商品房；到 2010 年中高收入群体也失去了购买商品房的能力；到 2015 年深圳房价每平方米涨到 5 万元以上时，几乎所有工薪阶层，包括高收入的高层管理人员也买不起住房了。其次，住房制度改革基本上抛弃了保障性功能后，房地产市场供需关系发生了重大变化，迅速刺激了商品房价格的大幅度上涨，虽然政府采取一系列房价调控政策，但由于住房制度改革方向转变引起供求关系转变这一基本因素没有改变，因此房价越调越高，最后使深圳成为全球买房最贵的大城市之一。再次，政府在住房保障职能上缺失，同时推动房地产产业的发展，获取房价上涨和房地产发展给政府自身带来的巨大利益，住房改革方向性调整直接导致了以追求卖地和房地产收入为导向的土地财政体制的形成。这些对深圳经济社会发展带来了一系列严重和深远的影响和伤害。

深圳21世纪初住房制度改革方向上的严重偏差，客观上讲主要原因应该是受国家住房制度改革方向的影响，实事求是讲，深圳本身也存在一定的责任和原因，主要表现在三个方面：

一是没有很好地坚持已经被实践证明基本成功的改革方向，失去了勇于改革创新的精神状态和勇气。实际上国务院1998年关于住房制度改革的《通知》中，并没有要求各级地方政府强行统一执行，并且《通知》特别指出“深化城镇住房制度改革工作的基本原则是：坚持在国家统一目标政策指导下，地方分别决策，因地制宜，量力而行”，可以看出中央给地方住房制度改革留下了很大的自主创新空间。2002年前后国家有关住房制度改革主管部门在深圳召开过座谈会，对深圳20世纪80年代以来的住房制度改革方向和政策给予了高度评价，认为其具有全国意义，是全国的一面旗帜，认为深圳的改革有效地解决了市民的住房问题，实现了社会安定，房改以后减轻了财政负担，发展了住宅和房地产业，促进了经济发展等。但是由于对住房制度改革缺乏系统分析研究，没有继续坚持以保障性为主的住房改革正确方向，也没有争取深圳住房制度改革的试验权，使深圳的住房制度改革发生了方向性的偏差，对深圳住房制度和房地产发展带来深远的影响。

二是当时有关领导和有关部门受认识水平、理论水平和视野的局限，对发达国家住房制度发展的趋势和规律认识不足。其中，对住房的两种属性，对住房建设及房地产发展中的政府和市场的界限，对调整住房制度改革方向后对深圳经济社会发展和市民住房制度带来的影响缺乏足够的认识。应该说深圳住房制度改革方向调整，改变“双轨三类”深圳住房制度的基本框架是比较草率的。深圳改革开放和特区建设过程中最宝贵的资源是有一批又一批敢于思考、敢想敢闯、不断创新的各级领导干部，一旦领导干部的精神状态发生变化，失去了特区建设初期的锐气，平庸化现象就成为常态，很多改革很容易出现反复甚至倒退。

三是受政府自身利益的影响和制约。一般来讲，按照“商品化、市场化、社会化”的原则，实现住宅市场化和产业化，受损失最大的是中低收入群体，得利益最大的是政府自身。在政府自身的改革没有实现以公共服务为主的政府职能转变之前，住房市场化、产业化既减少了费时、费钱、费力的大量保障性住房的规划、建设、分配、管理，又增加了大量的卖地收入及其他大量的税费收入，促进 GDP 的增长，有利于改善城市基础设施和城市建设管理水平等。因此，政府从自身利益出发，选择住房商品化、市场化为主导的住房制度改革方向，也具有其必然性。

2. 保障性住房建设十年计划未能完成

虽然从 21 世纪初国家和深圳的住房制度走了一条以商品化、市场化为主导的改革之路，但是无论是国务院还是深圳在住房制度改革方案中，并没有完全否定或取消必要的保障性住房的建设，反而还提出一些保障性住房的具体要求。尤其是随着 2006 年全国商品房价格快速上涨，国务院有关部门对各地经济适用房的建设更为重视，制定全国各地的计划，经常督促检查落实。

由于保障性住房建设涉及土地、资金、施工等多方面的因素和政府诸多部门的工作，在实际工作中存在着很多困难，虽然市政府住房建设部门做了大量的工作，付出了辛勤劳动，取得了一定的成绩，然而，从 2005 年至 2015 年，十年期间深圳的经济适用房以及其他保障性住房的建设难以令人满意，几乎每年的计划与实际都相差甚远，使深圳从 2005 年至 2015 年失去了保障房建设的“黄金十年”。比如，深圳市“十一五”（2006—2010 年）计划建设保障性住房 14 万套，但实际上竣工的保障房约 2 万套，套数竣工率约为计划的 14%，而实际分配到市民手中的保障房五年共 1 万多套，平均每年 2000—3000 套。“十二五”期间，虽然保障房建设速度有所加快，但与计划相比仍相差甚远，深圳市政府“十二五”规划中竣工的保障房面积要达到 21 万套，但实际竣工才达到 10.2 万套，平均每年 2 万套，实际竣工套数不到计划指标的一半。对于一个拥有1200万以上常住人口的特大城市来讲，每年2万套保障性住房的供应和需求之间矛盾巨大。在保障性住房的建设中，不仅保障房建设数量少，而且在工程质量、分配等方面出现了大量的问题，引起了接二连三的规模较大的信访事件，对这期间社会的稳定带来严重影响。本来是为市民提供的保障性“安居工程”、民心工程、政绩工程，变成了被市民诟病的一项烦心工程，教训十分深刻。

2005年至2015年深圳保障性住房建设的这十年，从实际工作部门来讲，它们确实遇到了土地规划、建设资金、征地拆迁等很多具体困难，为此也付出了很多艰辛的劳动。但是，从深圳市政府角度来看，在工作层面上，事关群众的保障房建设达不到预期也是事实。比如，保障性住房土地紧张的问题，虽然不能说保障房建设用地不困难，但是在这十年期间，政府保障房建设规模与市场商品房建设的比例大体上在1∶9，即商品房建设占深圳住房建设总规模的90%。既然市场商品房能有土地供应而迅速扩大规模，为什么保障性住房用地就这么困难呢？再如,征地拆迁困难确实也是保障房建设中的难点之一，但为什么市场商品房大规模建设中的征地拆迁都能比较快地解决呢？为什么2011年大运会前深圳大量的地铁、路网、基础设施建设中大规模征地拆迁能较快解决呢？再如，建设资金紧张问题，深圳在20世纪八九十年代期间，每年市财政收入只有几十亿、几百亿元时，能够建设一批又一批的保障性住房，而2005—2015年期间深圳的财政收入已经达到几千亿元，反而没有资金建设保障性住房呢？最后，建设速度慢、工期长是保障房供应不足的原因之一，但房地产企业市场商品房的建设为什么速度快、质量好、效率高呢？为什么2011年前深圳市为迎接第26届大运会的召开，大运场馆、城市地铁路网、基础设施建设速度快、效率高呢？保障房建设的严重滞后与政府导向密切相关。

保障房建设滞后的原因是多方面的，有对保障房建设的重要性认识问题，也有领导干部的工作作风问题，也有政府各部门办事效率低、相互扯皮的原因，最重要的是政府本身的利益决定了其在保障房建设中缺乏动力、消极作为。这是因为，在以商品市场化为主导的住房制度情况下，尤其是在商品房价格不断上涨的趋势下，在总的住宅建设规模一定的前提下，政府建设的保障房越多，政府所付出的代价越大，成本越高，获得的收益越小，政府的工作量也越大；相反市场商品房建得越多，政府自己的收益越大，成本越低。因此，在我国目前的政治经济社会环境和体制下，政府从根本上缺乏建设保障性住房的动力，这才是深圳十多年在保障性住房建设中消极无为的制度性体制性原因。

3. 2015年深圳房价暴涨中政府错失调控良机

从历史上看，深圳的房价从每平方米5000多元涨到5万多元，大体经历了十年左右的时间。但从房价的绝对额上看，其中一半的价格比重是在2015年下半年至2016年上半年一年内涨上去的，即从2015年上半年的每平方米2.5万元左右，上升到2016年上半年5万元以上。其背后原因，除了国家2014年前后在经济发展新常态下出台的供给侧改革的大环境，与深圳市政府错失房地产调控良机有着很大关系。

从2005年以来，由于各地房地产商品房价格不断上涨，国家不断出台调控房价的政策。从2005年到2014年国家对房地产市场进行了几次大的调控,试图阻止商品房价格太快上涨，保持房地产市场的健康发展。在此期间，深圳按照国家有关部门的要求也不断出台防止房价过度上涨的具体政策，尤其是从需求侧采取行政手段和经济手段，减少对房地产的需求数量，降低房价上涨的压力。虽然十多年来深圳政府的调控效果不是太理想，房价仍不断上涨，但遏制房价快速增长的房地产调控的基本方向是对的，也取得了一定的成效。比如2010年深圳房价上涨到每平方米2万元，经过房地产调控，到2015年上半年用五年时间达到了3万元左右，应该说在“十一五”期间深圳房价大体稳定，房地产市场基本平稳发展。但2015年下半年至2016年上半年深圳房价在一年内每平方米从3万元左右上升到5万元以上时，政府没有出台调控政策和措施，错失了调控的最佳时期。

从2014年起，中国经济进入了从两位数增长降为个位数增长的新常态，经济发展的结构性问题日益突显。为此，中央提出以供给侧结构性改革为主线，深化经济体制改革，并提出“三去一降一补”的具体要求。在房地产行业，“去库存”成为供给侧结构性改革的主要内容之一。从全国来讲，房地产库存积压，给房地产健康发展和金融系统带来一定的危害，“去库存”是必要的，但是全国几百个一、二、三线城市房地产的积压情况、价格水平相差很大，甚至存在类似深圳这样的一线城市，虽然房价已经很高，但库存不是太大，商品房供应不足。而国家有关部门在部署“去库存”工作时，对全国采取用行政手段一刀切的传统办法，要求各地提出去库存的目标，并终止和废止了已经出台的调控需求的具体政策，采取放宽购房条件、取消购房限制，降低首付比例等等措施，以促进房地产企业销售，实现去库存的宏观目标。在这种背景下，深圳市房价一改平稳增长的趋势，在 2015 年下半年像脱缰的野马，一路狂奔。深圳市 2015 年下半年房价暴涨，固然与国家宏观经济政策和国家有关部门行政一刀切的要求有关，但是，深圳市政府在房价暴涨中错失调控良机也是最重要的原因。主要表现在三个方面：

一是发生了房地产调控的方向性失误。在国家供给侧结构性改革背景下，深圳市政府没有从本地实际出发，创造性执行国家的政策要求，而是照搬照抄，使深圳房地产调控出现了方向性失误。2010 年深圳房价每平方米上升到 2 万元以后，深圳按照中央的要求，除了继续加大商品和保障性住房供应量外，工作的重点放在调控市场需求，采取了一系列措施提高购买者门槛，限制购房数量，整顿市场秩序，打击投机炒房之风，提高首付比例以及利息水平等，用多种方式大体平衡了商品房供需关系，从而使商品房价格从 2010 年每平方米 2 万元缓慢上升到 2015 年上半年每平方米 2.5 万元，维护了深圳市房地产市场大体平稳健康发展。因此，在全国供给侧结构性改革的大环境下，深圳与全国绝大多数城市房地产库存增大、需求不足的情况并不相同。在当时情况下，深圳应该继续以调控需求方为主导，同时增大供给方，而不应是刺激需求，去商品房库存量。

然而，在 2015 年下半年深圳执行中央“三去一降一补”的供给侧改革要求中，未能从本地实际出发，创造性地执行中央的政策，而是机械片面地理解国家的要求，与全国各地一样，采取了扩大需求刺激需求的政策，偏离了控制需求、扩大供应的正确房地产调控方向，恢复放开了坚持五年多的对调控需求的一系列具体政策。深圳房地产调控方向性失误的结果，一方面打破了房地产供需之间的市场平衡，供小于需的结构性矛盾更为突出；另一方面给社会一个明显的鼓励购房、扩大房地产泡沫、促进房地产价格上涨的价格预期。房地产市场与其他商品市场一样，“买涨不买跌”的消费心理更为突出。有了政府的鼓励，有了房价上涨的预期，消费者和投资者动用金融杠杆，涌入房地产市场，导致深圳房价从 2015 年下半年到 2016 年 10 月涨了一倍以上，一举成为全球最难买房城市，并产生了示范效应，引爆了全国大城市房价飞速上涨。

二是政府面对房价暴涨未能及时出台措施，错失房地产调控的最佳时机。当2015年底深圳的房价已经同比上涨50%的时候，社会和群众的反映已经非常强烈了，然而政府没有及时采取措施。在2016年初召开的例行人代会上，政府工作报告对房价上涨过快问题没有引起足够重视，没有采取具体有力的调控措施。到2016年中期，深圳的房价已经飞涨到每平方米5万元以上，社会各界反响强烈，政府仍然在观望等待、按兵不动。直到2016年下半年国家提出房地产去库存可以因地制宜、分类执行、一城一策，并且明确要求控制一线城市房价时，深圳市政府才在2016年10月4日出台房地产调控政策，虽然一定程度遏制了房价飞涨的势头，但已错失了调控房价的最好时机。

三是政府为了自身的利益借机进一步推高房价。当2015年至2016年深圳房价暴涨期间，深圳市政府不仅不采取任何措施加以控制，而且为了追求自身的财政收入，还充当了房价上涨的背后推手，2016年深圳屡创全国地王的拍卖纪录。

深圳市政府在2015年至2016年房地产价格暴涨中错失调控最佳时机，除了外部环境之外，与政府的执政理念、工作作风有密不可分的关系，包括追求短期政绩、规避政治风险等诸多方面。例如，追求政绩是一些地方政府的重要任务，而高房价带来的高财政收入、高GDP、高投资规模等，是体现官员政绩的最好方式，也是最快、最省力的方式，在这种主政理念下政府自然不仅不会去花气力调控房价，而且把地价高、房价高作为政绩来炫耀，甚至认为房价越高城市的吸引力越强，竞争力也越强。

三 近期深化住房制度改革的合理导向和主要缺陷

（一）深圳住房制度改革方向的合理矫正和回归

从 2017 年起，随着深圳房价的暴涨，社会各方面包括政府自身，对如此高的房价为深圳经济社会发展带来的深刻和长远的伤害形成了基本共识。同时，近几年在高房价带来的经济社会风险的背景下，国家对住房制度改革的方向也做了调整，习近平同志提出的“房子是用来住的，不是用来炒的”的重要论述，对全国住房制度改革方向的调整起了定基调的作用。

在这样的大背景下，经历了住房制度改革曲折反复和沉痛教训之后，深圳市住房制度改革的方向也得到了矫正，深圳 20 世纪 80 年代以保障性为主导的住房制度改革的理念又重新回归。深圳市政府于 2018 年 7 月 27 日发布了《深圳市人民政府关于深化住房制度改革加快建立多主体供给多渠道保障租购并举的住房供应与保障体系的意见》（以下称《意见》），这是深圳住房制度改革过程中的一个标志性事件。由于多种原因，《意见》在矫正住房制度改革方向的同时，具体的改革方案和措施还存在很多的严重缺陷，客观公正地对这个《意见》进行评估并提出进一步完善的建议，对深圳未来进一步端正住房制度改革的方向，建立和完善深圳现代住房制度是非常有必要的。

首先，深圳市2018年出台的《意见》，方向基本正确，应该给予肯定，主要体现在四个方面：

1. 把深圳住房制度改革的方向重点从以市场为主要导向调整为以保障性为主导，这在深圳住房制度改革历史上，应该具有标杆性意义

《意见》中明确表示“正确处理经济属性和民生属性的关系，把民生属性摆在更重要的位置，以满足新市民住房需求为主要出发点，以建立租购并举的住房制度为主要方向”，与十五年前即2003年市政府出台的《深圳市机关事业单位住房分配货币化改革实施方案》相比，应该是深圳住房制度改革方向上的归位。2003年市政府的文件指出“深圳住房制度改革按照商品化、市场化、社会化的原则，重点搞好住宅市场化和产业化的规划引导，宏观调控和保障协调，住房制度改革的目标是要形成以市场配置为主导的住房供应体系”。十五年沉痛的教训，深圳的住房制度改革在曲折反复过程中终于又回归到以保障性为主导的正确方向上来。

2. 住房制度改革从调控需求向扩大供给转变，为实现深圳住房制度向以保障性为主的方向性转变提供了基础

自从2003年以来，深圳几乎让所有市民都进入住房商品化、市场化、社会化的大潮，使住房供需矛盾迅速激化，长期形成供小于求的市场格局，导致深圳房价十多年一路飞涨。深圳市政府在调控房价上涨过快的过程中，基本上又往往都是从需求方面进行调控，包括限购、提高购房成本等措施，而忽视从增加保障房、商品房的数量来平衡供需关系。这种治标不治本的住房供需矛盾的调控方式，自然难以收到实质性、长期性效果。而深圳2018年出台的《意见》，改变了住房供需关系的调控方向，提出以住房供给侧改革为主线，充分发挥政府、企业、社会等各类主体的积极性，构建多主体供应、多种渠道建设的保障房供应体系，并提出发挥政府、专营机构、企业、股份合作公司等多主体积极性，采取多种措施和多渠道方式加大保障房的建设规模。应该说，大规模建设保障性住房是落实住房制度改革，由市场商品房为主向以保障性为主转变，住房市场调控由需求侧向以供给侧为主转变的基本保障。

3. 提出了租购并举的方针，使住房保障方式由单一售房向租售并举的方向转变。

20世纪80年代深圳开创的住房制度改革探索，针对传统计划经济福利分房的弊病，确定了以保障性为主导的“双轨三类多价”的住房制度改革的基本方向，这个方向基本上体现了1980年初邓小平同志对住房制度改革的思想和主要指导原则。1988年深圳市政府发布的《深圳经济特区住房制度改革方案》在保障方式上，采取增加补贴、提高房租、促进买房的基本思路，以及“以卖为主”或者“只卖不租”的基本方式，因此深圳 2015 年末政府建设和提供的 42 万套政策性住房、保障性住房基本上都采取不同方式出售了,其中一部分在居住若干年后,还可以直接进入商品房市场。

三十年深圳房改的实践证明,“以售为主”或者“只售不租”的保障方式是有重大缺陷的。比如,从保障房的供应来讲,由于受政府财力和各种条件的制约,在“只售不租”的情况下,保障性住房是难以满足社会对保障房不断增长的需要的,保障体系里建设和供应是难以持续的。又如,从保障房的需求来看,对绝大多数的新来深圳的青年人或一部分中低收入的群体,让他们一开始就购买保障房,即使价格比市场商品房低,也是难以承受的。全世界再发达的国家,保障水平再高,也很难做到让所有被保障的对象一开始就有能力购买住房。因此,“以售为主”“只售不租”的住房保障方式,不适应现代住房制度发展的方向。再如,从社会的公平性来讲,部分已经购买保障房的群体,若干年后在保障房直接进入商品房市场时,虽然也补缴了部分地价或政府征缴一定比例的溢价收入,但由于保障房购买价格与市场商品房价格的巨大差别,仍使其获得了相当数量的保障房溢价收入,会形成社会分配的不公,激发社会矛盾。为此,在 2018 年深圳市出台的住房制度改革的《意见》中,将“以售为主”“只售不租”的保障方式调整为“租购并举”,对不同类型的保障住房分别采取租售结合的保障方式,尤其是对为户籍中中低收入的居民提供的公共租赁房,采取了“只租不售”的保障方式，应当说符合现代住房制度改革的方向。

表 3-1　深圳住房供应规划（2018-2035）

住房类型	供应比例	供应量	供应形式	供应对象	面积标准	价格
商品房	40%	第一阶段（2018—2020）约 17 万套 第二阶段（2020—2025）约 20 万套 第三阶段（2026—2035）约 33 万套	可租可售	拥有商品房购房资格的各类居民	中小户型	市场决定，调控结合
政策性住房：人才房	20%	第一阶段（2018—2020）不少于 25 万套 第二阶段（2020—2025）不少于 25 万套 第三阶段（2026—2035）不少于 50 万套	可租可售	符合条件的各类人才	不高于 90 平方米	租售价格是市价的 60% 左右
政策性住房：安居房	20%		可租可售以售为主	符合收入财产限额标准等条件的户籍居民	不高于 70 平方米	租售价格是市价的 50% 左右
公共租赁房	20%		只租不售	符合条件的户籍中低收入居民、为社会提供基本公共服务的相关行业人员、先进制造业职工等	30~60 平米为主	租金为市价的30%左右，特困、低保等家庭，租金为公共租赁房租金的10%

资料来源：《深圳市人民政府关于深化住房制度改革加快建立多主体供给多渠道保障租购并举的住房供应与保障体系的意见》

4. 提出保障房建设的庞大的规划目标和分阶段建设计划，以及保障性住房与商品房建设的比例

深圳市2018年出台的《意见》中提出了2018—2035年十七年期间，深圳市分三批次建设筹集不少于100万套各类保障住房，使保障住房的套数占整个社会住房总量170万套的58%，保障房用地占整个住房建设用地的60%。深圳市确定的保障房建设目标和计划应该是非常大胆的，表达了政府对社会保障房建设的重视和决心，也适应了社会对保障房建设的期待。当然，在"十一五""十二五"时期，深圳市政府也都曾经提出过类似规模、数量相当不少的保障房建设供应规划目标和发展计划，后来实践的结果却都没有完成规划和计划的目标，有的时期仅完成计划目标的20%左右，但对未完成保障性住房的规划和计划的情况，既没有认真总结经验，又没有吸取深刻的教训，更没有追究任何人的工作责任。2018年提出的2035年达到100万套保障房建设规划和计划目标能否实现，还有待于社会各界的观察，有待于市民的民主监督，有待于国家近几年提出的"终身责任追究制度"的落实。根据以往的经验教训，对未来100万套保障住房的建设前景并不乐观。（表3–1、图3–1）

（二）深圳住房制度改革中的主要缺陷

在肯定深圳市2018年出台的《意见》的基本方向的同时，应该指出，这个《意见》只是深圳市住房制度改革转向的标志

性文件，并非是一个比较完善、系统的、科学合理、符合实际的改革方案。与20世纪80年代深圳住房制度改革方案研究和出台的过程相比，这个文件的出台应该属于有关主管部门为应对上级的要求和社会强烈反映而在较短时间内提出的方案。在制定《意见》时并未系统地总结几十年深圳住房制度改革经验教训、“得”与“失”，也没有对全球现代住房制度进行系统的研究分析借鉴，更没有对深圳现有住房制度改革中存在的问题进行实事求是分析。虽然《意见》经过有关部门的认真研究、反复修改，也征求了社会公众意见，但由于住房制度改革涉及面广、问题复杂，不可避免地在住房制度改革的系统性、住房重要政策的合理性、住房保障的社会公平性，以及现实的可行性等方面都存在一些缺陷。概括起来，主要有以下八个方面：

1. 在保障范围方面，将占常住人口2/3的非户籍人口基本上排斥在住房保障范围之外，失去了深圳住房保障制度的基本公平性和合理性

由于历史原因，作为一个新型的现代化大城市，与国内其他大中城市相比，深圳的城市人口结构具有独特性。通常，国内大中城市户籍人口占常住人口的60%左右，而深圳2017年总人口大体在2000万左右，其中常住人口为1252.83万人，常住非户籍人口为818.11万人，户籍人口434.72万人，户籍人口占常住人口只有34.7%，占整个深圳实际管理人口的20%左右。

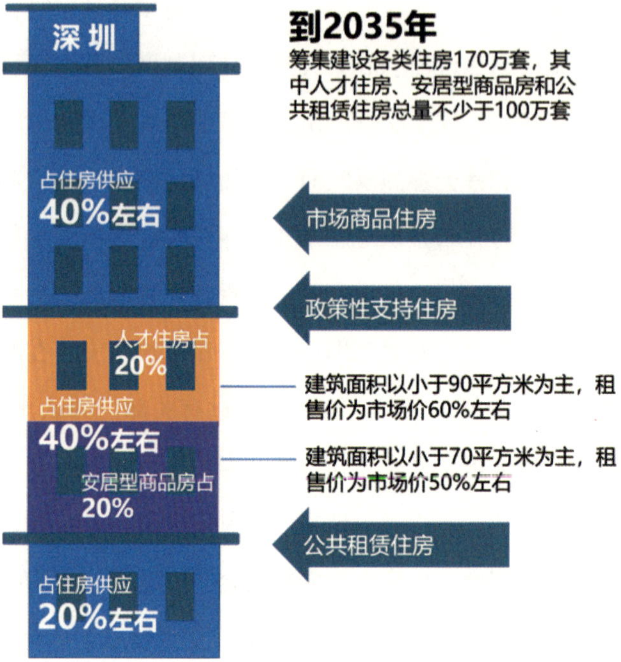

图 3-1　深圳住房供应规划（2018—2035）

资料来源：《深圳市人民政府关于深化住房制度改革加快建立多主体供给多渠道保障租购并举的住房供应与保障体系的意见》

户籍管理制度是计划经济体制遗留下来的产物，并逐步演变成为政府严格管控社会的一种方式和工具。户籍管理虽然在历史和现实上对社会治安管理和基层管理发挥了一些作用，但总的来说，户籍管理是一项与现代社会文明发展方向相背离的管理制度，造成了一系列严重的社会问题。在深圳长达四十年的改革历程中，由于种种原因，深圳的户籍改革一直严重滞后，一方面政府设立了比较高的门槛，把绝大多数常住人口挡在户籍人口之外；另一方面政府提供的社会保障、公共服务和公共产品方面，户籍和非户籍人口之间存在很大差别，对非户籍常住人口非常不公平。（图 3-2）

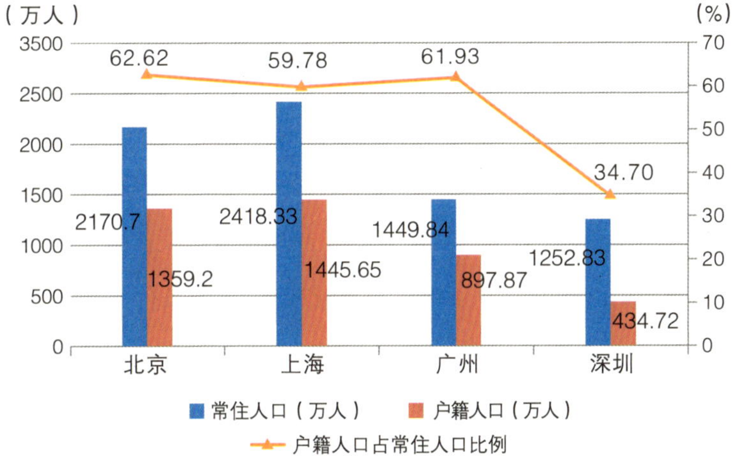

图 3-2　2017 年北上广深户籍人口及常住人口情况

数据来源：北京、上海、广州、深圳市 2017 年国民经济和社会发展统计公报

在 20 世纪 80 年代末深圳市进行住房制度改革时，当时不同户籍、不同身份之间的差异并不明确，除了少数流动人口外，绝大多数来深圳有固定工作的人员基本上都可获得深圳户籍。20 世纪 90 年代后的一段时期，部分人员缴纳一定数量的所谓“城市增容费”后也可获得深圳户籍。但随着深圳经济的迅速发展，城市发展水平的提高，政府提供的社会保障、公共服务越来越多，出于多种因素的考虑，深圳对户籍的门槛要求越来越高，从而把 2/3 的常住人口隔离在户籍人口之外，他们

不能公平享受政府应当提供的福利保障。从住房保障的范围来看，自从2000年后，深圳出台的所谓对低收入住房困难群体的住房保障，从来都是以户籍人口中享受深圳城镇居民最低生活保障为界。2018年深圳市出台《意见》中，也同样把占常住人口2/3的818万人口排除在住房保障之外。在深圳市设计的三类保障性住房的供应对象中，明确规定公共租赁房基本住房保障对象主要为低收入和部分中等偏下收入的户籍住房困难居民；安居型商品房“重点面向符合收入财产限额标准等条件的户籍居民供应”，人才住房“重点面向符合条件的企事业经营管理、专业技术、高技能、社会工作、党政等方面的人才供应”。而“人才”的标准基本上与户籍标准相重叠，主要以本科及少数大专学历为基本标准。根据这个《意见》，显然占常住人口2/3的800多万常年生活、工作、居住在深圳的非户籍人口被排除在住房保障体系之外。从本质上讲，深圳市政府2018年出台《意见》，与其说是深圳市住房社会保障制度的改革文件，不如说是一个深圳市户籍人口的住房保障制度的改革文件。

把2/3的常住人口排除在住房保障范围之外，不符合现代文明社会发展的方向和现代住房制度的基本要求。公民的基本居住权利是人的基本权利之一，《世界人权宣言》第二十五条指出：“人人有权享受为维持他本人和家属的健康和福利所需的生活水准，包括食物、衣着、住房、医疗和必要的社会服务；在遭到失业、疾病、残废、守寡、衰老或在其他不能控制的情况下丧失谋生能力时，有权享受保障。”我国2001年参加的《经济、社会及文化权利国际公约》第十一条规定：“本公约缔约各国承认人人有权为他自己和家庭获得相当的生活水准，包括足够的食物、衣着和住房，并能不断改进生活条件。各缔约国将采取适当的步骤保证实现这一权利。”根据这些符合社会文明发展的理念和要求，近几十年来，世界发达国家都把解决好广大居民的住房问题作为政府应尽的职责，其中不少国家还把住房定为政府要办的造福居民的主要福利事业之一。为此，新加坡将90%左右的居民都纳入住房保障体系；中国香港也在不断扩大住房保障的范围，在50%以上的居民已经纳入住房保障体系的基础上，近期香港特区政府提出将住房保障范围从50%逐渐提高到70%以上。

把占城市人口绝大多数的非户籍常住人口排除在住房保障体系之外，也不符合国家住房保障体制改革的要求。我国宪法虽然没有明确把住房作为公民的基本权利，但我国是社会主义国家，最大程度地保障公民的居住条件应当是政府的责任。国务院这些年来出台的城镇住房制度改革文件中，从来都没有以户籍为门槛和标准，把城市的非户籍常住人口排除在住房保障体系之外。2007年国务院出台的《关于解决城市低收入家庭住房困难的若干意见》中，专门提出要多渠道改善农民工居住条件，除了要求用工单位建设和出售集体宿舍外，还要求建设符合农民工特点的住房，以农民工可承受的合理租金向农民工出租，并提出“力争到‘十一五’期末，使低收入家庭住房条件得到明显改善，农民工等其他城市住房困难群体的居住条件得到逐步改善”。国务院《城镇住房保障条例》(征求意见稿)中，进一步明确“本条例所称城镇住房保障，是指通过配租、配售保障性住房或者发放租赁补贴等方式,为住房困难且收入、财产等符合规定条件的城镇家庭和在城镇稳定就业的外来务工人员提供支持和帮助，满足其基本住房需求”。

在2011年深圳市人大出台的《深圳市保障性住房条例》中，虽然明确将住房保障的范围界定为户籍人口，其中第四条规定“住房保障以具有本市户籍的住房困难家庭和单身居民为基本保障对象”，但同时，该条例也提出非户籍常住人口的住房保障问题，提出“对本市经济社会发展需要的各类专业人才以及在本市连续缴纳社会保险费达到一定年限的非本市户籍常住人员，市政府可以根据经济社会发展状况和财政承受能力，合理设定条件，逐步纳入住房保障范围。具体办法由市政府另行制定”。虽然市人大的《条例》规定只是把部分非户籍常住人口纳入住房保障范围，但毕竟在深圳住房改革历史上也是一个进步。然而，时隔七年后，2018年深圳市政府出台的《意见》，仍然坚持把非户籍的常住人口排斥在住房保障体系之外。

非户籍的常住人口基本上是常年在深圳工作的低收入或中低收入的劳务工群体，把800万劳务工排斥在住房保障体系之外,是深圳出台的《意见》最根本的制度缺陷。800万劳务工，他们在深圳有固定的工作岗位，并连续缴社保多年，他们是深圳经济发展、城市建设、社会繁荣不可缺少的重要组成部分，也是深圳 GDP 的创造者和财政收入的贡献者。据有关方面的抽样调查，劳务工中 61% 的人已经结婚，55.6% 的人有子女，有 20% 的子女在深圳生活，他们当中只有 20% 不愿意在深圳定居，可见绝大多数劳务工是热爱深圳，对在深圳生活、工作、定居有较强的归属意愿。这几年随着深圳市房价的飞涨，城中村房租也快速提高，给他们这些低收入群体带来沉重的压力。把非户籍常住人口排斥在住房保障体系之外，造成了深圳社会的严重不公平。

2. 在保障对象方面，深圳把“人才”作为住房保障体系的首要和重点保障对象，违背了住房保障制度的基本原则

居民住房保障制度，作为社会保障体系的重要部分，是政府履行为社会提供公共服务、公共产品的正常职责，而政府提供的公共服务和公共产品，通常带有福利性质，应该将公平性列为最基本的原则。从世界各国住房保障体系的实践和国家对住房制度改革的指导思想来看，为了体现公平原则，通常都是以收入水平为标准，把中低收入作为住房保障的基本对象。个别经济发达国家（如新加坡），依靠雄厚的经济实力把中等乃至中上收入水平群体也纳入住房保障体系。而深圳自 2010 年以来，违背了住房保障的基本功能和基本方向，把所谓“人才”作为住房保障优先的主要对象，并制定和出台了一系列关于人才标准和人才住房保障标准的文件规定，形成了全球“独一无二”的住房保障制度。深圳市人才住房保障体制的形成和发展，大体上分为三个阶段：

第一阶段是2010年当深圳房价上涨到每平方米2万元左右的时候,深圳市第一次出台《关于实施人才安居工程的决定》,明确了人才安居工程的保障对象、标准和方式，首次将人才分成杰出人才、领军人才、高级人才、中初级人才四类。其中对杰出人才，政府提供200平方米的免租住房；对领军人才，免租面积为150平方米，如购买市场商品房，可享受50%的购房补贴;对高级人才,可申请公租房或领取房补;对中初级人才,可以申请公租房或领取房补。并提出在政府提供的公共租赁保障性住房中，人才房的比例在“十一五”期间不低于60%，在“十二五”期间不低于80%。

第二阶段是2014年深圳市又出台了《深圳市人才安居办法》，进一步加大对人才的住房保障力度，扩大了人才的范围，提高了保障标准，包括对杰出人才不仅免费租赁200平方米保障房，而且工作十年后贡献突出并取得深圳户籍的可以申请赠予所租住房。对领军人才进一步提高房补标准，并将人才保障对象扩展到新引进人才，确定了本科以上学历为新引进人才，制定了租房补贴的标准。除了面对个人以外，又开辟了对重点企事业单位定向成批提供住房保障。

第三阶段为2016年以来，2016年出台《关于完善人才住房制度的若干措施》以及2018年出台《关于深化住房制度改革加快建立多主体供给多渠道保障租购并举的住房供应与保障体系的意见》，提出人才保障的建设计划和多种渠道加大人才保障房的供应，其中提出“十三五”期间，在全市总的40万套保障性住房中，人才住房不少于30万套，并进一步提出对高层次人才赠送和买房优惠政策等。

在深圳市政府出台若干人才住房保障的政策期间，市政府组织人力资源、住房建设等不同部门，对各类人才的标准、分类、范围、评比确定办法出台了一系列文件。这些文件缺乏统一的规划和顶层设计，各种标准、分类、确定办法之间相互不衔接不配套，需要不断修改调整。尤其在人才分类、各类人才的标准、不同人才的确定方式等方面可以说是杂乱无章。比如,深圳市有关部门2015年出台的《深圳市人才认定标准》中，对国家级领军人才划分了八大类几十个小类，把学术职务、获奖项目、科研组织参与者、杂志论文发表者、体育项目夺冠者混为一谈，缺乏起码的科学性、权威性、公平性。在地方级领军人才认定标准上，列出了四大类近百个小类，缺乏系统性，有些根本无法进行具体操作。对后备级人才认定标准列出32大类若干细小类,尤其是有的还规定每单位申报的数量限制等。再如，2016年公布的《深圳市海外高层次人才认定标准》，将所谓海外高层次人才分为A、B、C三大类，大类下又分几十个小类，每小类下面又分几十个细类，更是漏洞百出。由于对各类人才的定义、标准的制定等许多方面缺乏科学性、权威性、公平性，因此按照这些标准确定的人才住房的建设、分配、补贴的规划、计划更是缺乏科学合理的依据。（表 3–2~ 表 3–4）

表 3–2 《深圳市人才安居办法》保障方式一览

保障对象	标准	实物供应	货币补贴
杰出人才	具有世界一流水平的杰出人才，中国科学院、中国工程院院士，世界发达国家科学院、工程院院士，获得国内外公认重大奖项第一成果人以及相当层次的人才	免租入住200平方米左右住房，免租期限累计不超过10年。在深圳工作居住满10年，贡献突出并取得本市户籍的，可以申请赠予产权	——
领军人才	已认定为深圳国家级的领军人才，高等院校、科研机构和重点企事业单位的省级以上重点学科、重点实验室或重点创新科研团队带头人以及相当层次的领军人才	免租入住3年（国家级领军人才150平方米左右；地方级领军人才100平方米左右；后备级人才80平方米左右）；可申请购买不超过90平方米的安居型商品房，且不参加轮候，住房面积不受家庭人数影响	租房补贴： 国家级4800元/月，地方级3200元/月，后备级2560元/月。购买市场商品房，可申请购房补贴，其中地方级、后备级人才应当具有本市户籍。

（续表）

领军人才			补贴由用人单位和政府按照1∶1比例分担，政府补贴金额不超过以下标准：国家级每年15万元,总额75万元，地方级每年10万元，总额50万元；后备级每年8万元，总额40万元。10年内限制转让
新引进人才	本市接收的应届毕业生、新调入的在职人才、新引进的归国留学人员。本科未满30周岁、硕士未满35周岁、博士未满40周岁	——	租房补贴： 本科6000元/人， 硕士9000元/人， 博士12000元/人

资料来源：深圳市住房和建设局

表 3-3 深圳市人才认定标准（2015）（节选）

各类人才	认定标准
杰出人才	1. 诺贝尔奖获得者（物理、化学、生理或医学、经济学奖）。 2. 国家最高科学技术奖获得者。 3. 中国科学院院士、中国工程院院士。 4. 美国、日本、德国、法国、英国、意大利、加拿大、瑞典、丹麦、挪威、芬兰、比利时、瑞士、奥地利、荷兰、澳大利亚、新西兰、俄罗斯、新加坡、韩国、西班牙、印度、乌克兰、以色列国家最高学术权威机构会员。
国家级领军人才	1. 中国社会科学院学部委员、荣誉学部委员；新世纪百千万人才工程国家级人选；国家有突出贡献的中青年专家；全国杰出专业技术人才；中国工艺美术大师；全国工程勘察设计大师；茅盾文学奖；鲁迅文学奖；吴阶平医学奖；国医大师、教育部“长江学者奖励计划”特聘教授；长江学者成就奖。 2. 近 5 年，获得以下奖项者： （1）国家自然科学奖一等奖，国家自然科学奖二等奖前 3 名； （2）国家技术发明奖一等奖，国家技术发明奖二等奖前 3 名； （3）国家科技进步奖一等奖前 5 名； （4）国家级教学成果奖特等奖前 3 名； （5）中国青年科学家奖； （6）“全国中青年德艺双馨文艺工作者”荣誉称号； （7）中国专利金奖前 2 名（须为专利发明人及设计人）； （8）世界知识产权组织版权创意金奖人物奖； （9）孙冶方经济科学奖著作奖、论文奖前 2 名。 3. 近 5 年，担任以下职务者： （1）国家科技重大专项专家组组长、副组长；项目（课题）组长，且项目（课题）通过验收； （2）国家科技支撑（攻关）计划项目负责人；

（续表）

国家级领军人才	（3）国家“973计划”项目首席科学家、承担研究任务的项目专家组成员； （4）国家“863计划”领域主题专家组组长、副组长、召集人； （5）国家实验室主任、副主任、学术委员会主任，国家重点实验室主任、学术委员会主任，国家工程实验室、国家工程（技术）研究中心、国家能源研发（实验）中心主任； （6）国家社会科学基金重大项目首席专家； （7）全国专业标准化技术委员会主任委员。 4. 获得国家自然科学基金“国家杰出青年科学基金（含外籍）”资助的项目主持人，完成该基金所资助课题研究，且取得国家自然科学基金委员会资助项目结题通知者。 5. 近5年，获得国家自然科学基金“重大项目基金”资助的项目主持人，完成该基金所资助课题研究，且取得国家自然科学基金委员会资助项目结题通知者。 6. 近5年，在Nature或Science上以第一作者或通讯作者发表论文者。 7. 近5年，直接培养出获得奥运会或近两届列入奥运会项目的世界杯、世锦赛冠军的主教练员。 8. 近5年，获得“中华技能大奖”荣誉称号的技术技能型、复合技能型高技能人才。
地方级领军人才	1. 享受国务院特殊津贴人员；省、部级有突出贡献的中青年专家；省（含副省级市）级以上优秀专家；省工艺美术大师；省名中医称号获得者；享受深圳市政府特殊津贴人员。 2. 近5年，获得以下奖项者： （1）国家科技进步奖二等奖前5名； （2）省、部、军队、国防科学技术奖一等奖前3名、省、部、军队、国防技术发明奖一等奖前3名，省、部、军队、国防科学技术进步奖特等奖前5名、一等奖前3名；

（续表）

地方级领军人才	（3）省科学技术突出贡献奖； （4）国家级教学成果奖一等奖前2名； （5）教育部“高等学校教学名师奖”； （6）省（哲学）社会科学优秀成果奖一等奖第1名； （7）“全国德艺双馨电视艺术工作者”（百佳电视艺术工作者）荣誉称号； （8）长江韬奋奖； （9）全国精神文明建设“五个一工程”奖单项奖（含子项5个：文艺类图书、电影、电视剧片、戏剧、歌曲）主要作者（含编剧、导演）和主要演员前3名； ……　…… 3. 近5年，担任以下职务者： （1）国家科技重大专项专家组成员；项目（课题）第一副组长、分课题组长，且项目（课题）通过验收； （2）国家科技支撑（攻关）计划课题第一负责人，且课题通过结题验收； （3）国家“973计划”项目首席科学家助理、课题组第一负责人，且课题通过结题验收； ……　…… 4. 近5年，获得国家自然科学基金“重点项目”、“重大项目”、“重大国际（地区）合作研究项目”或“优秀青年科学基金项目”资助的项目第一负责人，且项目通过结题验收。 5. 近5年，中国科学院“百人计划”人选。 6. 近5年，全国知识产权领军人才。 ……　……
后备级人才	1. 深圳市工艺美术大师；深圳市名中医、优秀中医；深圳市技能大师工作室主持人。 2. 近5年，获得以下奖项者： （1）省、部科学技术奖二等奖前3名；省、部技术发明奖二等奖前3名；省、部科学技术进步奖二等奖前3名；

（续表）

后备级人才	（2）省厅级科学技术奖一等奖第 1 名； （3）市（地级市以上）科学技术发明奖一等奖、科学技术进步奖一等奖第 1 名； （4）深圳市自然科学奖、技术发明奖、科技进步奖一等奖第一完成人，深圳市科技创新奖第 1 名； ……　…… 3. 近 5 年，担任以下职务者： （1）国家科技重大专项分课题副组长前 2 名，且项目（课题）通过验收； （2）国家科技支撑（攻关）计划课题第二、三负责人，且课题通过结题验收； （3）国家“973 计划”课题组第二、三负责人，且课题通过结题验收； ……　……

资料来源：深圳市人力资源和社会保障局

表 3-4　深圳市海外高层次人才认定标准（2016）节选

各类人才	认定标准
A 类	1. 诺贝尔奖获得者（物理、化学、生理或医学、经济学奖）。 2. 获得以下奖项者：中国国家最高科学技术奖、美国国家科学奖章、美国国家技术创新奖章、法国全国科研中心科研奖章、英国皇家金质奖章、科普利奖章、图灵奖、菲尔兹奖、沃尔夫数学奖、阿贝尔奖、拉斯克奖、克拉福德奖、日本国际奖、京都奖、邵逸夫奖。 3. 中国、美国、英国、德国、法国、日本、意大利、加拿大、瑞典、丹麦、挪威、芬兰、比利时、瑞士、奥地利、荷兰、西班牙、澳大利亚、新西兰、俄罗斯、以色列、印度、乌克兰、新加坡、韩国的科学院院士、工程院院士（即成员 member 或高级成员 fellow，见中国科学院国际合作局网站 http://www.bic.cas.cn）。

（续表）

A类	4. 近5年，中组部“海外高层次人才引进计划（千人计划）”顶尖人才与创新团队项目中的顶尖人才和团队带头人，以及创新人才长期项目、创业人才长期项目、文化艺术人才长期项目、高层次外国专家项目的入选者。 …… ……
B类	1. 近5年，担任过国际高水平科技期刊（《期刊引用报告》JCR一、二区）正、副总编（主编）。 2. 近5年，在Nature、Science、Cell或所在专业领域影响因子30以上的著名科技期刊发表论文的第一作者（含与第一作者具有同等贡献作者），或唯一通讯作者。 3. 近5年，广东省“珠江人才计划”领军人才入选者。 …… ……
C类	1. 担任过境外世界知名大学（见说明5）助理教授。 2. 近5年，入选中组部“海外高层次人才引进计划（千人计划）”顶尖人才与创新团队项目的团队核心成员（限前3名）。 3. 近5年，入选广东省创新科研团队的核心成员（限前3名）。 4. 近5年，获得广东省南粤突出贡献和创新奖的南粤创新奖团队带头人或个人（每个申报单位限申报1人）。 5. 近5年，入选深圳市海外高层次人才团队的核心成员（限前3名）。 …… ……

资料来源：深圳市人力资源和社会保障局

毋庸置疑，人才是经济社会发展的最重要资源和生产要素，对提高一个城市、企业的竞争力至关重要，尤其是深圳作为以高新技术为主导产业的高科技创新型大都市，保持对各类人才的吸引力，为各类人才充分发挥作用创造良好的环境是完全必要的。深圳在商品房价格飞涨的形势下，出台包括住房保障在内的优惠政策吸引国内外人才，其初衷也是可以理解的。各类人才中的中低甚至中等收入的群体，也完全应该纳入不同层次的住房保障体系之中。但是，将以收入为依据改变为以学历为标准，以人才为重点、优先、主要的住房保障对象，则是背离了住房保障体系的基本方向和基本原则，主要原因为四个方面：

一是从理论上讲，把“人才”作为住房保障的优先重点对象，把政府和企业的功能作用混为一体，使政府的作用发生错位。

从一个城市来讲，保持对各类人才的吸引力，为发挥人才的作用提供良好的环境，既需要政府履行提供良好的公共服务和社会保障的职责，也需要企业内部提供各种形式的对人才的激励机制。在住房保障上，政府应该为符合政府住房保障条件的中低收入水平的初级人才提供不同方式的住房保障，对中高级人才，尤其是收入水平高的高级人才，应该由企业通过工资、奖金、股权、房补等不同方式的激励机制来解决。如果大部分企业没有能力通过内部不同激励机制吸引人才，政府应该通过减税让利，降低企业成本，改善企业经营环境和提高企业盈利水平，使企业有能力制定不同形式的激励手段，引进和留住高级人才，而不是政府以社会保障功能去替代企业内部的激励机制。这种政府和企业在吸引人才方面功能上的错位，既脱离了住房保障体制改革的方向，也超出了政府的承受能力，难以长期持续下去。

二是给予部分中高收入甚至高收入的“特殊人才”超高标准的住房保障，不符合住房保障改革的基本原则，会造成严重的社会不公平。

从深圳和我国现阶段经济发展水平来看，住房保障主要是解决中低收入群体的住房困难，而深圳确定的人才保障对象，虽然包括了应该获得政府住房保障的部分中低收入的青年人才，也包括了部分属于中高收入甚至高收入的高端群体，同时对这些群体在免租、房补、买商品房补贴等方面制定相当高的标准。比如，深圳把在深圳注册的银行、证券公司、保险公司等金融机构的副总以上的高管人员作为地方领军人才，纳入优先重点住房保障的群体。这些群体可能是深圳工薪阶层中最高收入群体，年薪通常在上百万元、甚至几百万元，对于这些行业的高薪群体，政府免费提供100~150平方米以上的保障房，或者每月发放几千元的房补，买商品房时政府还要补助40%的购房额，这既超过了政府的长期承受能力和住房保障建设供应的可持续能力，又带来极大的社会不公平。尤其是在如此高房价的深圳，在上千万的中低收入的普通劳动者没有享受政府提供的任何住房保障，承受着巨大的生活压力的情况下。

三是以本科学历作为“人才”的确认标准，是对非本科学历的社会群体的严重伤害。

根据《深圳市人才安居办法》有关规定，深圳人才按等级分为三类，即杰出人才、领军人才、新引进人才三大类。其中，三大类中又分若干不同等级，如领军人才又分国家级领军人才、地方级领军人才、后备级人才；新引进人才又分博士、硕士、本科三类，对不同类别和不同等级制定了相应的免租面积、房补数额等住房保障标准。按照这种规定，达到人才的最低标准为本科学历，因此将非本科学历的其他上千万各行各业的人员都排斥在“人才”范围之外，不能享受政府人才安居保障，对他们是极不公平的。且不论住房保障的性质决定了应该以收入水平而不是以所谓“人才”为标准来确定保障对象，即使按所谓“人才安居”确定的保障对象也是不合理、不公平、不科学。以“学历”论人才，既是落后的传统的“学而优则仕”等级制度的体现，也与社会不同群体在社会实践中所发挥的实际作用不相符。在深圳改革开放和经济发展过程中，无数的非本科学历群体成为优秀的企业家、高层管理人员、能工巧匠，形成深圳“大众创业、万众创新”的庞大队伍，为深圳的经济发展、科技创新作出了重大贡献，把他们排斥在所谓“人才”和“人才安居”保障之外，对他们实在是极大的伤害。

四是“人才”分类和确定的标准，缺乏科学合理的依据，造成所谓“人才”内部不公平的待遇差别。

“人才”本来就是概念性的定义，缺乏统一的、科学的、合理的定义和标准，主观地、人为地对“人才”分类定标准，一定会漏洞百出。比如在杰出人才的认定标准上，把诺贝尔奖获得者和中国科学院、工程院院士并列一起，有什么依据？从事社会科学的中国社会科学院学部委员为什么就不是杰出人才呢？又如在国家级领军人才和地方级领军人才认定标准上，什么是国家级，什么是地方级，什么是领军人才？这本身就是主观的模糊的概念，又怎么能够科学、公正、合理地确认国家级领军人才的标准呢？按这些标准认定出来的国家级领军人物结果必定是五花八门，难以令人信服。这种不同类别不同等级的人才标准，不仅造成“人才”与“非人才”之间的不公平不合理，即使在不同类别不同等级人才之间也造成了极不公平合理的住房保障待遇和差别。以住房保障为目的来确定的所谓各类人才标准，不仅仅是涉及不同群体的个人荣誉，而且和背后巨大的物质利益联系在一起，每个类别人才的住房待遇，包括免租面积、补贴标准、买商品房补助等方面相差是很大的。在深圳高房价、高房租的背景下，一位杰出人才可以获得 200 平方米房子的 10 年免租，10 年后可以获赠所租的房子，这意味着一位杰出人才可以直接从政府住房保障中获得几千万元的特殊利益。一位国家级、地方级领军人才单从住房保障方面就可以通过免房租、发租房补贴、购房补贴获得几百万元的特殊利益。如果没有合理、公平的认定标准，在各类人才之间也会形成严重的不公平。

3. 以市场商品房价格为参照系，确定不同群体的保障水平，背离了“可承受性”住房保障的基本原则

深圳2018年新出台的《意见》,除了保障范围、保障对象外，在保障水平上也存在重要缺陷。所谓保障水平，包括两个基本方面：一是保障对象的购房、租房的面积大小，二是保障对象购房、租房价格的高低。从国内外住房保障的理论和实践来看，确定保障对象购房、租房面积大小，并无统一的规律和标准，通常根据不同国家和地区政府提供保障的能力，包括土地、投资能力等要素来确定。但对保障对象租、购保障房的价格确定，通常与保障对象的收入水平挂钩，根据保障对象的工资收入水平、财产情况，以“可承受性”为原则确定价格，国际上通常以工资收入的1/3作为制定租房价格的基本依据，以本家庭收入的4~7倍作为确定购房价格的基本依据，并对不同收入水平的保障对象确定不同的价格水平。而深圳2018年出台的《意见》，在确定保障对象的保障水平时，背离了与保障对象工资、财产收入水平挂钩，以“可承受性”为原则这一住房保障制度的基本原则，而采取与市场房价挂钩的原则来确定不同保障对象购、租房的价格水平。《意见》中规定，对“人才住房”可租可售，建筑面积以小于90平方米为主，租金、售价分别为届时同地段市场商品住房租金、售价的60%左右。对安居型商品房，建筑面积以小于70平方米为主，租金、售价分别为届时相同地段市场商品住房租金、售价的50%左右。公共租

赁住房，建筑面积以 30~60 平方米为主，只租不售，租金为届时同地段市场商品房住房租金的 30% 左右。特困人员、低保及低保边缘家庭租金为公共租赁住房租金的 10%。

深圳保障性住房以同时期同地段市场商品房为定价依据确定房租和售价原则，不仅违背了保障性住房价格确定的普遍原则，也不符合国家的有关规定。国务院《城镇住房保障条例》（征求意见稿）规定：保障性住房应该“根据承租人的支付能力实行差别化租金，或者对支付租金有困难的承租人，给予租金减免或者租金补贴”。香港自从建立住房保障制度以来，曾经也是把保障性住房的一部分，即月收入为 5.7 万港币的中等收入家庭提供的“居屋”的售价，采取与市场商品房价格挂钩的原则确定。但是，随着香港商品房价格的快速增长，与市场商品房挂钩的政策远远超过了这部分居民的承受能力。为此，香港特区政府从 2017 年 7 月决定将各种保障型住房价格与市场完全脱钩，脱钩后根据居民的收入水平，以“可承受性”原则来定价。根据新的定价原则，香港 2018 年下半年推出的若干居屋的出售价格，脱钩后的价格比以前的价格下降 30% 左右，大大减轻了居民购买者的实际负担。

实际上，根据深圳市 2018 年出台《意见》中对各类保障对象按照与市场商品房挂钩确定的售价和租金，远远超出了保障对象的实际支付能力。根据市政府确定的工资指导线，2017 年深圳工薪阶层的月工资平均值为 5611 元。而深圳市的平均房价为 54445 元，其中中心区的房价每平方米高达 10 万元。即使在条件差的城中村，房租每平方米 100 元以上，有的高达每平方米 200 元。这样高的房价、房租，即使按 50% 的价格确定售价和房租，也远远超过国际上通行的占 30% 的工资收入的承受能力，大大增加了保障对象的生活压力。

按照“可承受性”原则，与工资收入挂钩确定各类保障住房的价格水平，在减轻保障对象负担的同时，可能会较大幅度地减少市政府对保障对象在买房、租房方面的收入，增加了市政府的财政压力。对此，参考新加坡、中国香港的经验，通常可采取两种方式来解决或缓和这一矛盾。

一是适当降低保障对象的住房面积，实行小型化，并随着财政实力的增强和居民生活水平的提高，而逐步提高保障对象的住房面积。深圳目前确定的“人才住房”90 平方米、安居型商品房 70 平方米、公共租赁房 60 平方米，对深圳这样一个土地紧张、保障群体数量庞大的特大城市来讲，保障房的面积可能偏大。长此以往，既超过了市政府的经济承受能力，又难以满足更多的保障对象的需要。

二是适当延长轮候时间。由于购房、租房价格与市场商品房脱钩，比较大幅度降低保障对象购房、租房成本后，中低收入家庭购房的数量可能会大大增加。这种情况下，受供应量的影响，保障房的供需矛盾会进一步加大，保障对象购房的轮候时间会延长。这种情况对整个住房保障体系平稳可持续发展并不会造成更多的伤害，因为，保障对象只要感到未来有希望在可承受能力前提下买到房，比起超越本人的承受能力购房给长期生活带来极大的压力来讲，应该是个更适合的选择，不会加剧社会矛盾。

4. 保障性住房供给中政府与企业、政府与社会之间责任不明、界限模糊，为长远保障性住房建设和发展遗留很多问题

近二十年来深圳保障性住房建设严重滞后，为了加快建设和提供更多的保障性住房，2018 年市政府发布的《意见》中，在总结住房建设实践经验的基础上，提出了“多主体供给”的保障房建设的工作思路。同时，在政府有关住建部门直接组织建设时，具体提出了八类保障房的供应主体。加快建设，多方式多主体供应保障房的出发点是好的，政府动员社会建设单位，采取“代建代管”的方式也是对的，但在确定八类多主体供给方式时，缺乏系统的全面的考虑，在政府和企业、政府和市场、政府和社会方面界限模糊、责任不清，可能为未来住房供应保障体系的完善发展带来很多遗留问题，造成不同时期政府政策多变、互不衔接，不利于保障房建设的健康发展。（表 3–5）

表 3-5 《意见》规定的八类保障房供应主体

供应主体	供应住房类型
房地产开发企业	市场商品房、安居型商品房
住房租赁经营机构	长租公寓
市、区政府（含新区管委会）	人才住房、安居型商品房、公共租赁住房
人才住房专营机构	人才住房、安居型商品房、公共租赁住房
社区股份合作公司和原村民	租赁住房
企事业单位	人才住房、安居型商品房和公共租赁住房
金融机构	人才住房、安居型商品房和公共租赁住房
社会组织	具有公益性质的各类住房

资料来源：《深圳市人民政府关于深化住房制度改革加快建立多主体供给多渠道保障租购并举的住房供应与保障体系的意见》

在保障性住房的多主体供给体系中，政府和企业、政府和市场的关系原则应表现在五个方面：

一是保障性住房作为政府向市民提供的公共产品、公共服务和社会保障，所有保障性住房的投资主体和所有权、分配权都应当是政府的。其中，公共租赁房由政府长期持有，安居房或人才房在未进入商品房市场前的最终所有权也应该是政府的。政府作为保障房投资主体和所有者，投资方式既可以用财政资金和其他政府资金投入建设，也可以是土地使用权、城市规划权的某种权利（如确定容积率）作为投资资源和投资方式，政府通过土地使用权、城市规划权形成的对保障性住房投入，从本质上是属于政府为市民提供住房保障的一种投入方式。

二是以营利为目的的房地产开发企业，在土地拍卖市场中，从政府获得土地使用权，按照政府总体规划的土地功能和市场需求，建设供应中高收入群体的市场商品房。房地产企业不应承担安居型、人才安居房等保障性住房的供应，没有履行政府保障性住房建设供给的责任和义务。

三是建筑施工企业（不管是国有还是民营）建设的各类保障性住房，与政府住房保障部门本质上是代建的关系。企业受投资单位（政府）的委托合约，负责工程建设，获得建设工程的合理利润。这些企业不负责保障房建设的投资，不能成为保障性住房的所有者，更不能通过保障房的代建，将代建的商品房在市场出售而获得更多的超额利润。

四是社会上的保障性住房租赁企业，不管是国有企业还是民营企业，他们是受政府住房保障部门的委托，对已经建成的属于政府所有的保障性住房进行租赁和管理。一方面，它们通过向保障房供应对象提供服务，收取一定的租赁管理费用，获得合理的经营利润；另一方面，它们要承担政府委托的租赁管理责任和义务。这些企业不负责保障性住房的投资、建设，更不是租赁型保障性住房的所有者。

五是公益性社会组织，应通过公益慈善基金建设具有公益慈善性质的住房，为特定的慈善、公益对象，比如特殊老人、残疾人、特殊困难居民等群体提供住房服务。这些社会组织应该是完全非营利的社会组织，不能成为带有营利性质的养老企业和养老机构。这类社会组织通过住房形式提供的公益慈善服务，政府应该给予支持和鼓励。但从本质上讲，这类社会组织提供的慈善公益住房，已经不属于政府提供的保障性住房体系的范畴，是社会组织为特殊群体提供的慈善事业和慈善服务，不属于政府必须为社会提供的公共服务和公共产品的范畴。

从以上几条原则来看，2018 年深圳市出台的《意见》中规定的八类保障房供给主体中，有以下几类在政府与企业、政府与市场、政府与社会的关系上存在着界限模糊和严重缺陷：

一是在《意见》中提出“以房地产开发企业为主，提供市场商品房、安居型商品房”的有关规定，把房地产企业作为安居型商品房的供给主体之一，形成了保障性住房建设和供应中政府和房地产开发企业的责任、义务和权利界限错位。

二是《意见》中提出“以住房租赁经营机构为主，提供各类长租公寓”，在政府与住房租赁机构的职责界限上产生模糊。比如，这些租赁机构是作为独立经营的营利性企业，还是政府的有关部门的附属单位，承担保障性住房的租赁管理的任务？又如，这些住房租赁机构提供的长租公寓，是自己投资、自己建设、自己租赁管理的营利性机构，还是受政府保障住房部门的委托，对已经建好的保障性住房进行租赁管理服务呢？如果这些住房租赁机构是从事房地产开发的独立的营利性企业,《意见》中提出的“以住房租赁经营机构为主,提供各类长租公寓”的定位,显然在政府与企业、政府与社会在保障性住房供应方面的责任权利出现含糊不清和功能错位。

三是《意见》中提出“以人才住房专营机构为主,建设筹集人才住房、安居型商品房和公共租赁住房”,所谓“专营机构”是属于专门承担保障房建设的、非营利的政府直属机构或法定机构,还是市场经济中独立的、营利性的房地产开发企业?这些人才住房专营机构建设筹集的各类保障性住房,是政府所有,还是这些人才住房专营机构所有?这些人才住房专营机构的筹资建房,是政府直接投资、由这些机构代建,还是这些人才住房专营机构自己投资自己建设?等等。在政府和企业、政府和市场的关系上模糊不清,在运作过程中必然产生一系列问题。

四是《意见》中提出“支持社区股份合作公司和原村民通过‘城中村’综合整治和改造,提供各类符合规定的租赁住房”,这些“租赁住房”是市场化的租赁市场的一部分,还是政府保障性租赁住房的一部分?如果是政府保障性住房的一部分,社区股份公司和原村民有什么责任、义务向社会提供保障性住房呢?如果是在“城中村”改造中,政府通过规划功能调整,提高容积率的方式给开发公司让利形成租赁住房,所有权应该属于政府,股份合作公司只是承担代建代管的责任,这一系列问题在《意见》中并没有界定清楚。

五是《意见》中提出“支持企事业单位利用符合规定的自有用地或自有用房建设筹集人才住房、安居型商品房和公共租赁住房”，这些不同类型的保障性住房是政府所有，还是这些企事业单位所有？对这些不同类型的保障性住房的建设，是政府投资还是企业投资？这些不同类型的保障性住房是面向社会上保障性住房的对象，由政府分配，还是仅面向本企业员工，由企业组织分配？等等。这一系列涉及政府与企业、政府与社会、效率与公平等的问题并不清楚，实践中可能会引发一系列的矛盾。

六是《意见》中提出“支持社会组织等各类主体，建设筹集具有公益性质的各类住房”，这项措施是把政府的社会保障功能和社会公益慈善功能混淆了。如前所述，公益性的社会组织是通过公益性慈善基金，在政府的支持下建设一些慈善公益性质的住房，提供给社会特定的服务对象，比如特殊的养老、残疾等群体。这种社会组织及其公益慈善事业，政府当然应该积极鼓励和支持。但是，这类活动应该是纯公益慈善的性质，并不具备营利性经济组织性质，这类组织提供的这类住房公益慈善服务也不属于政府保障性住房体系的范畴，把这类极个别的特殊功能的公益慈善性的住房服务纳入政府八类保障性住房的供给主体，显然是不合适的。

5. 企业自建保障性住房带来政企关系的界限模糊和新的社会不平等

在20世纪80、90年代的深圳市住房制度改革过程中，为了解决企业（当时主要是国有企业职工）的住房保障问题，在市政府出台的“双轨三类多价”的住房体制体系中，设立了专门面向企业及其职工的微利商品房。微利商品房主要由政府投资，以低于市场价的价格出售给职工，从而解决企业职工的住房保障问题。从历史的角度来看，作为从计划经济向市场经济转轨过程中的探索和试验，这种微利房的设置，既有政府提供住房的社会保障性质，又有企业对员工的福利性质；政府和企业在职工住房的职责上界定比较模糊，既有其合理的一面又有其不足的一面。随着20世纪90年代深圳劳动密集型产业和制造业的迅速发展，大批内地劳务工在深圳就业，在政府没有为劳务工提供大量的廉租房保障的情况下，为了解决这些企业劳务工的住房问题，政府也允许部分企业在工业园区自建一些职工宿舍，由企业承担政府应该为劳务工提供的住房保障。一些没有条件建职工宿舍的企业，劳务工通常租住在由原居民或附近股份合作公司自建的廉租屋、城中村中，由股份合作公司或原居民承担了政府应该提供的廉租保障性住房的职能。

21世纪初，深圳住房制度改革进行方向性重大调整过程中，政府既基本取消了为党政机关、事业单位提供的保障性住房，也不再为各类企业职工提供保障性住房，同时也不允许企业在自己的土地上自建属于保障性质的员工住房，从而把在各类企业就业的所有员工都推向了商品房市场和租赁市场。政府在保障性住房的功能上的缺位和住房制度的不完善，给企业员工带来沉重的压力和负担。在2018年政府出台的《意见》中，为了加快保障性住房的建设，把企业作为保障房供给的主体之一，提出“支持企事业单位利用符合规定的自有用地或自有用房，建设筹集人才住房、安居型商品房和公共租赁住房”。应该说，把企事业单位作为保障房的建设主体，并利用符合规定的自有用地加快建设一批保障性住房，可以调动部分企事业单位的积极性，充分利用现有的土地资源，对加快解决部分重点大企业内部员工住房保障有一定的积极作用。但同时，出台这一条重要政策，涉及政府和企事业单位的关系，以及社会公平等一系列复杂问题。市有关部门在制定这一条政策时，并没有进行系统的长远的政策设计，不仅缺乏可操作性、实践性，还可能会带来一系列问题。

一是关于事业单位利用自有土地自建保障房问题。事业单位是政府设立的带有一定公益性质的机构，包括公益一类、公益二类事业单位。它的经营费用由公共财政支出，从实际情况上看，可分为全额拨款和等额拨款，还保留了个别自收自支的事业单位。一般来说事业单位没有生产收入和经营利润，它是政府为社会提供教育、文化、卫生等公共服务、公共产品的平台和产品。通常情况下，事业单位不可能像经营性房地产开发企业一样，从一级土地市场上拿到各种建设用地，它的所谓自有土地，也是历史上政府用行政划拨的方式无偿提供给各类事业单位使用。这些所谓自有土地，本质上其土地所有权和使用权属于政府所有，并非事业单位所有。事业单位的固定资产投资，包括办公用房及各种设施，都是使用政府资金投资拨款形成的。因此没有自己的土地，没有独立投资来源，没有生产收入和利润的各类事业单位，怎么能成为独立的保障性住房的供给主体呢？过去在深圳及内地一些城市历史上，20 世纪 90 年代前曾经出现过党政机关事业单位利用国家的土地和政府的投资，给自己单位员工建立宿舍的情况，但这是在特定历史条件下，一种带有在计划经济下福利分房性质的住房制度，是两种社会住房保障制度体系过渡时期不完善情况下的产物。时隔几十年后，深圳怎么能重新走回传统体制下单位福利分房的老路上去呢？

二是企业自建保障房与政府保障房体系之间的矛盾。企业员工中，中低收入家庭住房应该属于政府提供的保障性住房体系中的重要组成部分，应由政府提供。企业在自己的土地上建设的保障性住房的产权和所有权如何界定是一个必须明确的问题。如果界定为企业所有，实质上是企业对员工的福利政策和激励措施。在这种情况下，需要明确企业自有土地的性质和功能，如果涉及使用功能的调整，还要企业向政府补缴有关地价；如果鉴定为政府所有，实质上是企业作为代建单位，为社会提供的保障性住房，政府应该补偿企业代建保障房的成本和适当利润。企业建的保障性住房的产权、所有权如果界定不清，未来会给所谓人才住房、安居住房的房产登记、流动转让带来一系列后遗症。

三是企业建房造成的企业与员工关系不清晰。通常企业自建的供本企业职工使用的住房，是企业为职工提供的福利和正常工作的保障，并非属于社会保障住房性质。一旦员工离开企业，员工的住房要退回给企业，职工在社会上又失去了住房的福利和保障，需要重新向政府申请住房保障，造成企业员工在享受合理的政府保障住房方面的损失。如果未来将企业自建的住房界定为政府的保障性住房，企业员工离开企业时，应该继续享受政府的保障性住房，不必将住房交还给企业。这样对企业来讲，用自己的土地投资兴建的住房，承担了政府的部分社会保障功能，其经济利益会受到很大伤害，对企业来讲也是不公平的。

四是企业自建房引发了新的社会不公。把企业自建住房纳入政府的保障性住房体系后，通常保障的对象是本企业的员工，如果本企业员工或部分员工在收入水平、财产水平方面超过了政府规定的保障对象的话，这部分员工享受住房保障应该是不合理的。即使企业按照政府确定的标准分配给本企业员工，这些员工获得住房保障的时序可能会大大早于已经参与轮候的社会上的保障对象，这样又形成新的社会不公平，引发一些新的社会矛盾。

6. 保障性住房进入商品房市场，带来社会财富的分配不公和政府住房保障能力的长期下降

现代住房制度中，保障性住房市场与商品房市场由于性质不同，价格通常相差很大。为此，通常作为两个相对封闭的市场分别运行。但同时，政府出于不同的目的，又通常对少数保障性住房进入商品房市场设立一些通道，开一些口子，并作出一些特别的限制。两个市场需不需要打通？设立什么样的条件？利弊各有，争论不少，国内外也不完全一样。但总的来说，更多的是限制两个市场的交流。2018 年深圳市政府出台了《意见》，基本上也是一个有限制地打通两个市场的政策设计。《意见》一方面提出“建立人才住房和安居型商品房封闭流转制度”，规定这两类住房一定年限内实行封闭流转；另一方面设立了十年购房期和缴纳一定比例的增值收益特别条件，而使两类保障性住房进入市场。在这种政策设计下，保障性住房实际上是一个半封闭、半流通的保障房的交易市场。

深圳的这一制度设计，其基本原则与新加坡、中国香港的住房保障制度大体相同。其中，新加坡为了限制炒房，规定保障对象所买的租屋五年内不得转让，如果转让，必须由政府收购，五年后才可以在公共市场上转让。中国香港的规定与新加坡大体相同，为增加香港居屋的流转和流动性，首先在内部建立居屋循环机制，购买居住的保障对象在一定期间内可以在

内部居屋交易市场转让，达到了政府确定的限制时间，补偿了一定的价款后，才可以进入商品房市场，以出售、出租或其他方式转让。

在《城镇住房保障条例》（征求意见稿）（以下简称《条例》）中，对保障性住房进入商品房市场的限制性规定比起新加坡和中国香港更加严格。《条例》中除了规定保障性住房五年内不得进入商品房市场转让，如需转让由政府予以回购，年满五年向市场转让时，补缴相应价款才能取得完全产权并进入市场，进入市场时，在同等条件下，政府具有优先购买权等严格规定外，更重要的是，国务院的《条例》并没有规定保障性住房达到一定年限时一定可以进入商品房市场，而是把保障房是否可以进入商品房市场放给地方政府自己决定。对此，《条例》在允许保障房有限制条件下进入商品房市场的同时，专门规定“但是，直辖市、市、县人民政府规定不得转让或者不得补缴相应价款取得完全产权的除外”。

在住房制度改革的历史上，深圳市在 1999 年 10 月 20 日出台的《深圳市国家机关事业单位住房制度改革若干规定》中已经允许购买的保障性住房（包括福利房、微利房）进入商品房市场，成为在全国第一个允许保障房进入商品房的城市，规定“职工按政府规定条件、价格取得安居房全部产权的，安居房即转化为市场商品房，职工依法享有、占用、使用、收益以及上市交易的处分权”，从而使一大批 20 世纪 90 年代前职工购买的福利房、微利房（也称房改房）大量进入市场交易。通过深圳的实践，允许保障房进入商品房市场应该是有利有弊，从职工个人的利益来讲当然是有利的，但从政府长远的住房保障体系完善来讲，从社会公平正义的角度来讲，应该说弊大于利。这是因为保障房进入商品房市场，虽然有利于调动保障对象买房的积极性，使他们成为“居者有其屋”的恒产所有者，实现“有恒产者有恒心”，并取得相当数量的保障房与市场商品房的差价，早点进入富裕群体；同时，允许保障房进入商品房市场，政府也可以收取一部分补地价的回收款，有利于保障性建房基金的部分回收和周转，但是从社会公平和保障房体系的长期完善来看，深圳大批保障房进入商品房市场带来四个方面的不利因素：

一是使保障房的对象利用两种市场的差价迅速致富，形成了新的社会不公平。深圳市的福利房、微利房大都是20世纪80、90年代建设和出售的，当时的价格每平方米从几十元、几百元到上千元不等，最高不超过2500元。而从2005年到2015年深圳房价上涨十倍以上，原特区内的二手房的福利房、微利房多数地理位置较好，公共服务和园区配套完善，房价上涨了几十倍。20世纪90年代一套20万元的福利房，到2015年可以卖到几百万元，使部分福利房、微利房的出售者凭借着政府的保障福利政策，财产性收入迅速增长，迅速成为高收入或中高收入阶层。但是，对于那些未能有机会享受政府住房的绝大多数群体来讲，显然带来极大的不公，这与以公平为主的保障性住房体系的性质不符。

二是削弱了深圳市保障性住房的长期供给能力。深圳“十一五”之前通过各种渠道建设、供应的包括福利房、微利房和单位房改房在内的政策性住房共27万套。保障性住房的对象基本上都取得了完全产权，其中一部分已经进入商品房市场，其他部分随时可以进入商品房二手市场。而深圳政府掌握的向中低收入群体出租、出售的保障性住房存量有限，尤其是未来随着深圳保障性住房范围和对象在逐步扩大，对出售、出租各类保障房的数量需要越来越多的情况下，目前的保障性住房存量远远不能满足实际需要。虽然，目前政府正在建设一批数量、规模较大的保障性住房，但离满足各类中低收入群众对保障性住房的需要相差很远。随着时间的推移，一批又一批的各类保障性住房都逐步取得完全产权，并进入商品房市场，这将会大大削弱深圳市未来向中低收入者出售、出租社会保障房的持续供给能力，对深圳进一步完善社会保障性住房体系带来深远的负面影响和巨大压力。

三是与现在住房制度改革的大方向不一致。国内外以保障性为主的现代住房制度的宗旨，主要是保障中低收入群体“居者住其屋”，解决保障对象的住房保障和社会福利，而不是“居者有其屋”，解决保障对象的房屋产权持有问题。20世纪80、90年代深圳市住房制度改革中鼓励保障对象买房，随后又允许他们持有全部产权，保障房可以进入商品房市场，除了受当时市场商品房价格不高、财政住房建设资金困难等各种因素的影响外,一个重要原因是在计划经济体制下的福利住房制度中，职工的工资并没有包括应该有住房补贴的因素，让福利性保障房进入商品房市场，从某种程度上讲，是政府对职工几十年工资体系缺陷的一种补偿形式。而自从20世纪90年代后，随着工资薪酬体系的改革调整和完善，已经将房补纳入了薪酬体系之中，对保障性住房的对象不再是补偿性质了。因此，调整深圳历史上保障性住房进入市场商品房的政策也是合乎情理的。

四是保障性住房进入商品房市场对增加住房建设资金的作用不大。20世纪80、90年代深圳住房制度改革中，制定了鼓励职工将保障房进入市场商品房的政策，其重要原因是当时财政能力有限，保障性住房建设资金紧张，对职工出售保障性住房，可回收政府的投资，并可增收一部分职工补缴的地价，保持住房建设资金的可持续性。深圳经济经过几十年的迅速发展，市区财政实力大大增强，地方财政收入在全国大中城市中排列第三位，保障性住房建设中的主要矛盾是土地规划和征地拆迁、政府效益等方面工作中的问题，资金不再是最重要的矛盾和困难，因此并不迫切需要从保障房出售达到筹集保障性住房建设资金的目的。

7. 继续保持现有的房地产调整的连续性，并不符合未来深圳住房制度改革和房地产市场发展的方向

深圳市2018年出台的《意见》中，除了提出加快建立多主体供给、多渠道保障、租购并举的住房供应与保障体系的目标及若干政策设计外，还制定了促进商品房房地产市场平稳健康发展的目标,并为此提出要“保持房地产调控政策的连续性、稳定性，严格落实各项调控措施”的具体要求。从全国来讲，中央针对这几年全国房地产市场发展的情况，提出了促进房地产平稳健康发展的要求，当然是必要的，但是从深圳的具体情况出发，未来若干年要长期继续执行现行的对房地产市场调控措施是违背大规模建立保障性住房的初衷和深圳未来房地产发展方向的。这是因为：

第一，现行的房地产调控的各项措施，是针对目前房地产市场存在突出问题的特殊时期的应急措施，并非长期的治本之策。从深圳的实践来看，这些年来房价快速增长，远远超过深圳经济发展的阶段和水平，超过深圳市民的承受能力。原因虽然是多方面的，但从制度上讲，主要是长期以来，住房制度改革，尤其是保障性住房建设供给严重短缺造成的。在保障性住房建设供应还不能在很短时间满足需求的情况下，为了控制房价过快上涨，政府主要用行政手段或从调控需求方面出台了限购、提高首付比例等调控措施，或是用价格管制的手段从供应方对房地产企业实行行政审批和限价销售的调控措施。但随着

未来几年深圳保障性住房建设的加快，住房保障体系逐步完善，现行的特殊时期用行政手段、价格管制的方法对买方或卖方进行调控的措施，都应该逐步退出。现行的应急的调控措施退出后，应该按照正常的房地产发展规律，主要用经济的、法律的手段对房地产进行调控，以保持房地产市场平稳健康发展。怎么能把现行特殊措施作为永远措施从而保持连续性和稳定性呢？

第二，现行的对房地产调控的措施，主要是防止房价继续暴涨，是不得已而为之的办法，但随着经济发展形势的变化，随着保障房供给数量的增加，随着房地产供需平衡的打破，房价下降是必然趋势，也是政府调控的目标。当房价处于不断下降，逐步接近深圳的经济发展水平和中高收入群体承受能力的过程中，政府还需要保持现有以遏制房价上涨为主要目标的调控措施吗？

第三，促进房地产市场平稳健康发展，并不意味着房价既不涨也不降。从中央十多年调控房价的目的来讲，都是为了防止房价过快上涨。考虑到这些年随着保障性住房建设的加快和经济运行的各种因素，深圳房价下降应该是大趋势，并且符合经济长远健康发展和提高人民生活水平的大方向。当前，作为全球购房最贵的城市，深圳房地产泡沫已经很严重，如果真正达到与经济发展水平相适应，中高收入群体可承受的水平，深圳房价下降的幅度应当是相当大的。为了避免短期泡沫一下子破裂，房价过快过急大幅度下降对社会稳定、金融稳定带来的系统性风险，当然可以采取适当的方式，引导房地产价格逐步回归合理水平，房地产泡沫逐步消除。但这样做并不意味着应继续采取类似当前行政手段乃至价格管控的思维，继续用行政手段来阻止房价的合理回归。如何既能实现深圳畸高房价的合理回归，又能防止价格过快下降和泡沫急剧破裂，这是对未来深圳市政府执政能力、执政水平、执政智慧的严峻考验。（表 3–6）

表 3–6　深圳楼市调控政策一览表

户籍情况	婚姻情况	本市住房拥有量	房贷情况	最低首付比例
深户	家庭	无房	无房贷记录	三成
			贷款已结清	五成
			有 1 笔贷款未结清	五成
			有 2 笔以上房贷未还清	停贷
		1 套	无房贷记录	七成
			贷款已结清	七成
			有 1 笔贷款未结清	七成
			有 2 笔以上房贷未还清	停贷
		2 套以上	——	禁止购买
	单身	无房	无房贷记录	三成
			贷款已结清	五成
			有 1 笔贷款未结清	五成
			有 2 笔以上房贷未还清	停贷
		1 套	——	禁止购买

（续表）

深户	离异 2 年内（大于 2 年参考单身规定）	提供离婚前家庭无住房证明	此前夫妻任一方无房贷记录	三成
			此前夫妻任一方有房贷记录	五成
			有 2 笔以上房贷未还清	停贷
	离异 2 年内（大于 2 年参考单身规定）	提供离婚前家庭仅有 1 套住房证明	此前夫妻任一方无房贷记录	五成
			此前夫妻任一方有房贷记录	五成
			有 2 笔以上房贷未还清	停贷
		提供离婚前家庭 2 套房	此前夫妻任一方无房贷记录	七成
			此前夫妻任一方有房贷记录	七成
			有 2 笔以上房贷未还清	停贷
非深户（需提供 5 年社保或纳税证明）	家庭 & 单身	无房	无房贷记录	三成
			贷款已结清	五成
			有 1 笔贷款未结清	五成
			有 2 笔以上房贷未还清	停贷
		1 套	——	禁止购买
	离异 2 年内（大于 2 年参考单身规定）	提供离婚前家庭无住房证明	此前夫妻任一方无房贷记录	三成
			此前夫妻任一方有房贷记录	五成
			有 2 笔以上房贷未还清	停贷

（续表）

非深户（需提供5年社保或纳税证明）	离异2年内（大于2年参考单身规定）	提供离婚前家庭仅有1套住房证明	此前夫妻任一方无房贷记录	五成
			此前夫妻任一方有房贷记录	五成
			有2笔以上房贷未还清	停贷
		提供离婚前家庭2套房	此前夫妻任一方无房贷记录	七成
			此前夫妻任一方有房贷记录	七成
			有2笔以上房贷未还清	停贷

备注：

1. 住房限售：居民家庭新购买商品住房的（不含人才住房、安居型商品房），自取得不动产权利证书之日起3年内禁止转让。2018年7月31日前已办理网签但尚未取得不动产权利证书的新建商品住房和二手住房，不在禁止转让之列。
2. 公寓限售：2018年7月31日起，个人、企事业单位或社会组织等法人单位新购买的商务公寓，自取得不动产权登记证书之日起5年内禁止转让。
3. 暂停企业买房：暂停企事业单位、社会组织等法人单位在本市购买商品住房。2018年7月31日起，停止办理企事业单位、社会组织等法人单位购买新建商品住房和二手住房网签手续；通知发布之日前已办理网签的，可继续完成交易。

资料来源：《深圳市人民政府办公厅转发市规划国土委等单位关于进一步加强房地产调控促进房地产市场平稳健康发展的通知》（深府办规〔2018〕9号），乐有家研究中心整理

8. 保障性住房建设中若干重要问题缺乏科学论证和切实可行的落实措施，实现 2035 年住房供应和保障体系的任务还相当艰巨

深圳市 2018 年出台的《意见》中，为加快建设保障性住房的进度，提出了包括建设目标、土地供应、资金筹措等一系列具体措施，应该说这些目标和措施出发点是好的。但是由于受当前经济、社会及现有政府工作机制等多方面影响，要实现这些目标、落实这些措施难度很大，其中一些重要的目标和措施还缺乏可行性和科学论证，主要表现在以下三个方面。

一是 2035 年筹集 100 万套保障性住房的难度很大。

按照《意见》中确定的目标，到 2035 年，深圳要建设包括人才住房、安居型商品房和公共租赁房总量不少于 100 万套，每年平均要达到近 6 万套。2015 年前，深圳累计供应的各类政策性保障房达 42 万套，其中 2005 年到 2010 年每年平均实际提供分配的保障性住房 0.3 万套，2010 年到 2015 年每年提供分配的保障性住房 2 万套，要在“十二五”每年提供 2 万套住房的基础上，连续近二十年，每年提供近 6 万套的保障性住房，应该是个非常艰巨的任务。根据中国特色和香港的经验教训，在未来深圳保障房建设过程中，将可能存在三个最重要的不确定的因素：首先，国家对房地产宏观调控政策以及住房制度改革的方向的连续性。未来近二十年时间，国家在包括房地产政策在内的宏观调控政策，以及在包括住

房制度在内的经济社会体制改革方向，都会处于不断调整，甚至存在改变方向的可能性。一旦在改革发展方向和宏观政策发生转变的情况下，类似这种长达近二十年的住房建设计划都有可能发生重要的变化，从而使已经确定的保障房建设计划束之高阁。其次，地方主要领导人变化对建房计划的影响。我国地方的经济发展的重大决策以及社会领域的重要政策的制定和执行方面，通常是随着市委主要领导的更替而调整变化，随着书记的偏好而决定取舍，每一任书记都会提出一套自己的主政目标、口号、政策。因此，根据过去几十年的经验，2018 年确定的未来十七年建房计划，持之以恒，不懈努力地实现目标难度很大。再次，2018 年市政府确定的连续十七年每年 6 万套的保障房建设计划，并没有充分考虑随着这些保障房的建设和供给，对市场商品房价格的影响。假如在按计划建设保障性住房的过程中，随着供求关系的变化和社会对商品房市场的预期发生了重要变化，引起了市场商品房价格大幅调整，市政府还能够保持定力继续落实建设保障性住房的计划吗？ 1997 年香港回归后，以董建华为特首的香港特区政府，为了更好解决中低收入群体的住房保障，遏制房地产价格快速上涨，提出了“八万五”的公屋、居屋建设计划。但随着 1998 年亚洲金融危机的发生，香港的房价大幅下调，不少夹心层成了负资产，对经济发展和社会稳定带来很大的压力和影响，最后香港特区政府宣布放弃“八万五”

计划。假如深圳未来出现类似香港1998年的情况，很难保证会继续坚持100万套保障房建设的计划。

二是关于保障性住房和市场商品房建设的比例问题。

深圳市政府在2018年出台的《意见》中，第一次提出了保障房与市场商品房6∶4建设比例的目标，比如在《意见》中明确提出“市场商品住房占供应总量的40%左右”，“人才住房、安居型商品房和公共租赁住房用地比例不低于60%”，其中人才住房、安居型住房、公共租赁房各占20%，“到2035年，新增建设筹集各类住房共170万套，其中人才住房、安居型商品房和公共租赁住房总量不少于100万套”等具体比例指标。确定这个比例可能存在三个问题：首先，缺乏科学合理的依据。在目前深圳住房制度中确定的保障范围、对象、标准等一系列重大问题存在严重缺陷的情况下，尤其是在仅仅将1/3左右的户籍人口确定为深圳住房保障对象的情况下，不管是保障房与商品房的建设比例，还是保障房内部人才住房、安居型商品房、公共租赁住房之间的建设比例，都缺乏科学合理的依据。其次，在保障性住房内部确定人才房、安居房、公共租赁房各1/3的比例也不合理，不能适应未来住房保障的实际需要。根据现有的深圳住房改革政策文件，占保障性住房总量2/3的人才住房、安居型商品房主要是可租可售，而只租不售的公共租赁房仅占保障性住房的1/3。这种结构没有考虑将保障对象逐步扩大到常住人口的重大政策调整。假如深圳市保障性住房的范围扩大至常住人口，现在确定的公共租赁房的比例也远远低于实际需求。再次，各种住房的建设比例在不同时期、不同阶段是不一样的，需要根据保障性住房的实际需要和房地产市场动态变化而不断调整，每年都用固定的一个比例是不科学的。根据前几年市政府有关部门住房调查，在深圳市总的住房结构中，商品住宅面积占 22.93%，政策性保障性住房面积占 5.39%，原居民自建房占 50.1%，单位和个人建房占 9.06%，工业区配套宿舍及其他占 12.52%。也就是说保障房与商品房之比为 2：8，因此，要从 2018 年开始一下子将保障性住房与市场商品房两者比例调整为 6：4，可能不大现实。为此，需要政府有关部门进行更为系统的分析论证，确定不同年份、不同时期两者的结构比例。（图 3–3）

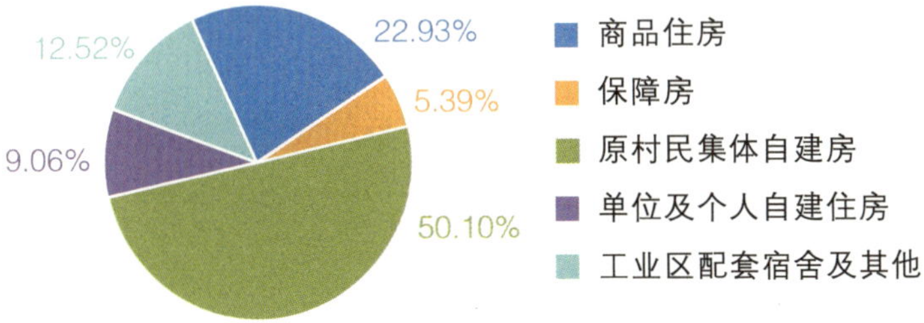

图 3–3　2012 年底深圳住房存量及结构构成情况

数据来源：《深圳市住房保障发展规划 2016—2020》

三是市、区在保障性住房建设和分配中责任界限不清，建设计划缺乏体制机制保障。

长期以来，在保障性住房的建设中，市、区政府的职责从未理顺过，前些年市政府部门直接承担保障房建设中的70%，各区占30%。由于保障性住房涉及的规划、土地、资金、建设、分配、管理等一系列工作，市政府保障房建设和管理部门难以独立地承担全部责任。为了减轻市有关部门的压力，调动区级政府的积极性，2018年深圳市政府出台的《意见》中，把区政府作为重要的保障性住房建设供给主体，在每年的保障房建设年度计划和五年规划中，通过行政手段确定了各区分配指定性的建设指标和任务，并强调落实各区属地责任，加强全市房源统筹调剂和区际合作的要求。

保障房建设和分配，实际上是市政府与区政府之间的利益格局的调整问题，不调整市、区财政体制和权益格局，不界定好市、区在保障房建设、分配中的权力责任边界，光靠市政府以行政手段强行推动难以保障目标的实现。这是因为，首先，在一个现代化大都市中合理确立各区在建设保障性住房中的责任是非常困难和模糊的。因为深圳作为一个现代化大城市，本来区域面积就比较狭小，而市下面又设立了十个行政区，在经济发展和社会管理过程中，各类企业在全市范围内开展经营活动，企业总部所在地与企业员工的居住地通常也是分离的，在一个区域纳税企业的员工通常居住在全市不同区域内，因此以区为单位确定的所谓保障房建设的属地责任，实际上是脱离实际的。区政府无法以保障性住房的供应来阻止企业在各区之间开展经营活动，各类企业也无法以保障房的分配来阻止员工的跨区居住。而保障性住房的建设又涉及大量的土地和资金，在这种情况下，从各区政府的实际利益和体制机制上讲，各区政府并没有建设保障性住房的积极性，光靠市政府的行政性的手段，并不能长期保持各区建设保障性住房的积极性，也很难保障全市保障性住房规划建设目标的实现。其次，落实各区政府基本住房保障的属地责任，也是脱离保障房建设的实际的，对各区来讲也是有实际困难的。保障房的建设既需要土地资源，又需要大量的资金，通常中心城区的各区企业多，人口密度大，需要住房保障的对象多，但这些地方基本上没有可开发的土地资源，靠旧村改造和城市更新解决保障性住房的土地数量有限。而处于中心区外，尤其是与其他城市交接的区，土地资源相对多些，但这些地区通常人口密度小，财政实力远不如中心城区的各区。在这种情况下，强行用行政手段落实基本保障住房的属地责任也是很困难的，因此在一个现代化大城市里，保障性住房的建设、分配、管理主要是市政府的责任，实行按所谓各区属地责任来要求各区加快建设保障性住房是不大切合实际的。（图 3–4）

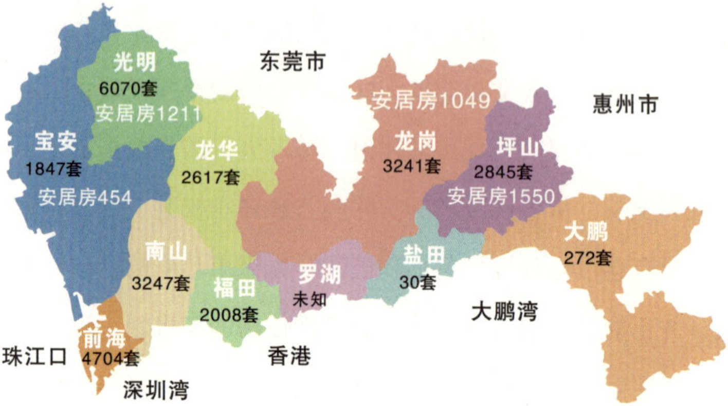

图 3-4 2017 年深圳市保障性住房供应情况

数据来源：深圳中原研究中心

四 深圳住房保障制度的重要政策调整建议

（一）构建深圳现代住房制度的目标和策略

20 世纪 80 年代深圳启动住房制度改革以来，已经经历了近四十年艰难的探索，既有 20 世纪 80 年代末在全国率先打破计划经济体制下福利分房的旧体制，推出以保障性为主导的住房制度改革，为全国住房制度改革提供丰富经验的辉煌历程；又有着 21 世纪以来住房制度迷失方向，给深圳经济社会发展带来严重后果的深刻教训；当前又面临着回归改革初心，重新构建现代住房制度的历史时期。

构建以保障性为主体的现代住房制度是一个非常复杂的系统工程，其改革的难度不亚于 20 世纪 80 年代末深圳房改的探索和试验。20 世纪 80 年代深圳建立的适应市场经济条件的住房制度，经历了两届市委市政府的持续努力，经过了多年社会各方面参与的大讨论，考察借鉴了不少国家和地区住房制度的经验教训，进行了大量数据测算和技术经济分析。而在新的历史条件下，重新构建现代住房制度，不是仅靠少数人坐在办公室，抄抄上级文件的精神，提出几个数字和概念，起草一个意见、方案而能够实现的。近期深圳有关官方媒体将2018年市政府出台《关于深化住房制度改革加快建立多主体供给多渠道保障租购并举的住房供应与保障体系的意见》称为深圳市第二次房改，显然过于夸张。真正重新构建既符合深圳实际，又坚持世界现代住房制度方向的深圳住房制度，需要认真总结四十年改革的经验教训，借鉴新加坡、中国香港等地的先进经验，在不违背国家住房制度改革基本原则的前提下，充分发动社会参与和广泛讨论，并经过法定程序，制定出深圳未来住房制度改革的顶层设计框架和一系列的具体政策。为此，首先需要确定未来深圳住房制度的目标。深圳现代住房制度的基本目标大体可以概括为“住有所居，基本保障，全面覆盖，两类市场，循序渐进”。（图4–1）

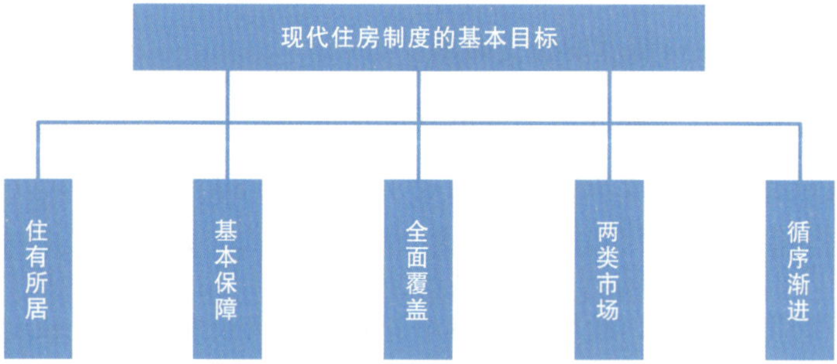

图4–1 现代住房制度的基本目标

所谓“住有所居”，是指通过不同方式、不同标准满足不同群众的住房需求。

“住有所居”实际上是对“居者有其屋”的住房保障制度目标的相应调整。长期以来，“耕者有其田，居者有其屋”“有恒产者有恒心”通常成为社会各界对各级政府提供住房保障的期盼，是对更好生活的向往。受其影响，深圳市在1989年制定的《深圳经济特区居屋发展纲要》中,也提出“住房私有化，居者有其屋”的方向，并具体提出到2000年或稍长一点时间，基本实现符合条件的市民都能住上一套单元式住房的目标。实际上“居者有其屋”是在农业社会和小农经济条件下，实现农民小康生活水平应该达到的目标。而在现代社会，尤其是像深圳这样上千万人口的特大城市中，由于受多种条件的限制，使每个居民都拥有自己完全产权的房屋，或者说都能买得起商品房，是难以做到的。从国际上一些发达国家和地区来看，不用说像目前人均GDP 2万美元的深圳做不到，即使像新加坡、美国、德国等发达国家，也有一部分人只能住在政府提供的出租屋里，政府并不保证每个社会成员都能买得起住房。《世界人权宣言》中讲的是指公民居住房屋的权利，而并非是指公民拥有所有权房屋的权利；政府在提供公共服务、公共产品的责任方面，是负有所有公民居住房屋的公共服务责任，而不是所有公民拥有房产权的责任。从深圳目前的居民收入状况、市场商品房水平以及政府的财政承受力实际状况来看，未来的住房制度应该是低收入群体主要居住在政府提供的面积较小的出租屋；中等收入群体主要居住在政府提供的、面积适中的以租为主、以售为辅的保障性住房；中上收入群体部分居住在政府提供的面积宽裕、可租可售的保障房，部分群体居住在面积中等的市场商品房；高收入群体居住在面积较大、环境较好的市场商品房；少数富裕群体居住在环境好的大户型乃至别墅群。这样使深圳住房制度改革从20世纪80年代的“住房私有化”“居者有其屋”的过于理想化的目标，调整到“住有所居”的现实中来，可能是住房制度改革和发展更为可行、合理的目标。

所谓“基本保障”，是指保障对象的居住条件基本上使保障对象收入水平可承受、与政府财政能力相适应的基本满足生活需要的住房标准和水平。

满足社会保障对象的住房基本需要，大体上可以分为三个方面的内容：

一是保障的水平和标准满足被保障对象的基本生活居住需要。联合国人权组织通常讲的公民的居住权，是指公民有权获得可支付得起的适宜于人类居住的，有良好的物质设备和基础服务设施的，具有安全、健康和尊严，并不受歧视的住房权利。在这个原则下，不同国家和地区基本保障的水平条件是不一样的，新加坡也有相当数量的“一房式”廉租屋，香港在20世纪70年代住房保障制度建立初期，提出的基本保障为“每个家庭拥有自己的住房单位，住房单位应是独立的（水、电、厕、厨房等），每个人居住面积不少于3.25平方米”。深圳2018年出台的公共租赁房建筑面积为30~60平方米。应该说保障房建设的标准并不低。

二是基本保障要以保障对象能负担起、可承受为主要标准。由于住房保障对象是分层次的和不同群体的，不同层次、不同群体的负担能力水平不同，因此不同群体的基本保障标准和水平也是有差别的。比如新加坡属于保障性住房的组屋，根据不同的收入水平和负担能力分若干层次，低收入阶层租赁房分为一居室、二居室，中等收入购房的居屋也分为二居室、三居室，个别也可以达到四居室。深圳近些年确定的保障性政策性住房和公共租赁房，根据不同的群体，建筑标准也在 30 平方米到 90 平方米。

三是基本保障的标准应与供给能力相适应，保障标准和水平根据经济发展和政府财政能力的提高而逐步改善。在住房保障的标准和水平方面，我们没有条件、也不能够走北欧福利国家的道路。即使在经济发达的新加坡、中国香港，保障性住房的标准也是逐步提高的。其中，新加坡在四十年住房保障发展的历史上,保障房分配经历了由租赁组屋向购买组屋的过渡，在套型上经历了由一居室、二居室向三居室、四居室过渡。香港的公共房屋在 20 世纪 70 年代仅仅有简单的室内配套，发展至今，香港公共屋村的水准已经很高了，不仅每个居住单位有独立的厨房、厕所和水电设备，而且屋村设有中小学校、银行、购物中心、酒楼、菜市场及停车场，村内还有花园和运动游乐场所等。（表 4–1、表 4–2）

表 4-1 中国香港基本公屋申请资格

1. 申请者必须年满 18 岁。
2. 申请者及其家庭成员必须现居于香港并拥有香港入境权，其在香港的居留不受附带逗留条件所限制（与逗留期限有关的条件除外）。
3. 申请者的住户总每月入息和总资产净值不得超过现行的限额。
4. 申请者及其家庭成员在香港并无拥有任何住宅物业。
5. 配屋时，申请表内必须有至少一半成员在香港住满七年，而且所有成员仍在香港居住。
6. 如果家庭成员包括长者，可以在轮候和配屋方面获得若干程度的优先。

资料来源：香港房屋委员会

表 4-2 中国香港公屋申请入息及总资产限额

（2018 年 4 月 1 日起生效）

家庭人数	每月最高入息限额	总资产净值限额
1	$11540	$249000
2	$17600	$338000
3	$22390	$440000
4	$27920	$514000
5	$33920	$571000
6	$37330	$618000
7	$42700	$660000
8	$47740	$692000
9	$52650	$764000
10 人或以上	$57450	$823000

资料来源：香港房屋委员会

所谓“全面覆盖”，是指要覆盖到深圳所有常住人口中的中低收入群体。

在政府确定的收入标准和财产标准以下，凡是在深圳工作生活的常住市民，不论是否取得深圳户籍，不论学历高低，不论从事任何行业工作，也不管在深圳工作时间的长短，都应该纳入深圳保障性住房的范围,要实现对深圳常住人口全覆盖。当前这种保障性住房仅仅覆盖户籍人口，在户籍人口中又以学历高低来确定重点保障的所谓人才住房的保障性住房的基本政策，是违背现代住房制度的基本目标的。

所谓“两类市场”，是指应建立相对独立、封闭的保障性住房市场和开放性的商品房市场，分别为保障性住房的系统内部交易、转让和商品房的市场交易运行提供平台。

政府对两类住房体系实行分类调控的方针，保障房市场系统按政府制定的有关规则，实现保障房建设和分配的公共服务目标；市场商品房作为深圳市场经济体系的重要组成部分，按照市场规律，在政府宏观调控下独立运行。

建立两类市场是由住房本身两种属性决定的。按照现代住房制度的理论，住房一方面具有保障性质，是政府为中低收入人群提供公共服务、社会保障、社会福利的重要方面；另一方面也具有商品属性，是部分中高收入人群提高住房水平、进行投资发展的平台。按照住房的两种属性，建立各自独立运行的两类市场，是现代住房制度的基本特征。根据新加坡、中国香港等地的现代住房制度的经验，住房制度的顶层设计都从一开始就建立了两类市场，并制定了两类市场的运行规则,各自按照自己的规律独立运作。比如政府严格规定，高收入阶层不得进入保障性住房的内部市场，中低收入群体的保障性住房不得直接进入商品房市场交易。中低收入家庭收入提高后，必须在保障房内部市场转让后，才能进入商品房市场进行交易和投资。两类市场的设计和独立运行，既体现了社会公平的需要，又鼓励公民不断提高收入，逐步进入商品房市场，提高住房标准，改善住房环境。两类市场的独立运行既能通过封闭的保障房市场很好地体现住房的福利性、保障性，又能使部分高收入群众通过住房商品市场，体现住房的投资功能。

所谓“循序渐进”，就是市民住房保障的水平程度要与深圳经济社会发展水平相适应，与政府财政投资建设的能力相协调，保持保障房投资、建设、分配的可持续性。

保障性住房的建设要占用相当多的土地资源，并且投资大，建设周期长，在深圳保障性住房欠账严重的情况下，要基本解决中低收入家庭的住房保障问题,需要一个相当长的时期。西方不少发达国家推动现代住房制度、解决中低收入家庭的住房保障，普遍用了二十年左右的时期，如英国历史上中低收入家庭住房条件很差，被批评为“住房灾难”的国家，但英国用了近二十年时间，基本上实现了人人享有适当住房的目标。新加坡从 20 世纪 60 年代起，也大体上用了二十多年的时间做到了最低收入群体住上廉租房，中低收入群体都能买（租）得起和买（租）得到相应的政府组屋。深圳作为上千万人口的特大城市，经济发展水平与英国、新加坡还有相当大的差距，因此解决好市民的住房保障问题，恐怕需要更长一些时间，如果提出难以达到的、过高的目标，只能给市民画饼充饥，并失去政府应有的信誉。

为此，在未来深圳深化住房制度改革和保障房建设中，保障房建设的标准不可太高，住房面积应继续坚持小型化的原则，根据经济发展水平和政府保障房建设能力的提高，循序渐进地提高标准、扩大面积。同时要继续完善公开公平公正的保障房供应体系，按照分配的轮候制度，分期分批、循序渐进地解决保障房保障对象的住房要求。只要政府保障房持续不断地加快建设，使轮候的中低收入家庭看到希望，中低收入家庭就可避免过于焦急的激烈情绪，就有助于社会和谐和社会稳定。

实现上述现代住房保障制度的目标，任重道远，需要在贯彻国家有关住房制度改革基本原则的前提下，借鉴发达国家现代住房制度发展的经验，认真总结深圳几十年住房制度改革成功的经验和深刻的教训，根据深圳的实际，处理住房制度改革中一系列重大理论和实际问题，确定未来深圳住房制度改革和保障性住房建设分配的基本策略。这些策略大体上体现在以下十个方面。（图 4–2）

深圳现代住房制度的基本策略

- 政府与市场边界清晰
- 公平和效率的均衡
- 户籍人口和常住人口的平等
- 住房保障需求和经济社会长期持续发展的能力的适应
- 保障范围和保障水平的兼顾
- 实物保障和货币补贴的选择
- 两种住房价格的脱钩
- 售房和租房的平衡
- 治标与治本的结合
- 行政手段向经济手段的过渡

图 4–2 深圳现代住房制度的基本策略

1. 政府与市场边界清晰

深圳几十年住房制度出现的反复和失误，原因、教训是多方面的，但最根本的是深圳在发展社会主义市场经济中，在处理政府与市场的关系时出现了偏差，政府和市场边界不清晰，甚至发生严重的错位和缺位。比如从 2002 年以来，一方面深圳市政府不是去履行好为中低收入家庭提供保障性住房的责任，而是让所有社会群体都进入房地产商品房市场，全力推动市场商品化，把房地产当作经济发展的支柱产业。另一方面，深圳市政府又采取行政手段对商品房市场进行过多的干预和调控，十多年来耗费了几乎所有的行政手段去调控房地产市场，使政府职能产生了严重错位。在政府对房地产发展过度干预下，市场机制缺位，房地产企业正常的经营受到严重干扰，市民在房地产市场中正常的交易受到严格的限制，这些深刻的教训应当认真地吸取和避免。

厘清政府与市场的边界，必须转变政府职能，转变执政理念。在构建未来现代住房制度中，政府主要是履行好为中低收入及中等收入群体提供基本的公共服务和公共产品，落实好公民的基本居住权，并不断扩大保障房的覆盖面和保障标准，做到政府职能不缺位。商品房市场的发展主要应该发挥市场机制的作用，由市场调节，避免再使用各种行政手段对房地产企业和购房居民进行干预和控制,曾经使用过的对消费者的限购、对房地产限售、对价格的控制等各种手段，随着保障性住房建设供应的逐步到位和商品房市场机制的逐步完善，应该逐步退出历史。

当然，在界定政府与市场的边界中，并不排除政府在履行自己职责时，利用市场机制更好地实现政府保障性住房建设和发展的目标;也不排除在商品房市场失灵或出现重大波动时，政府主要用经济、法律手段进行必要的调整。比如，政府在加快保障房建设的过程中，可以允许发挥市场机制，实行公开招标，利用代建、BT、BOT 等市场机制方式加快进度；对保障性住房的管理，政府也可以利用市场机制，经过竞争机制委托市场专业房屋租赁公司进行管理和维护；在商品房市场价格发生暴涨暴跌的市场失灵的特殊情况下，政府也可以用行政手段和经济手段对房地产市场进行调控，维护经济正常运行和社会基本稳定；等等。

2. 公平和效率的均衡

处理好公平和效率的关系，保持公平和效率的均衡，是深圳构建现代住房制度过程中的重要问题。这是因为，包括住房保障在内的社会福利和社会保障是政府公共职能的重要组成部分，属于国民收入二次分配的范畴，应该遵守公平优先的基本原则。同时，在一定的发展阶段，公平目标的实现要受到包括效率在内的多种因素的制约，脱离了客观可能，盲目追求公平也会带来一系列长远的影响，反而使公平的目标不可持续。西方一些福利国家由于福利水平过高影响经济效率，为经济长期发展带来的不可持续性，已经引起世界各国的高度重视。一些国家被迫进行了一些政策调整，而社会福利、社会保障水平往往带有刚性原则，在调整过程中往往带来严重的社会不稳定问题的发生。近期法国出现的“黄马甲”运动①就是典型的案例。

因此，在深圳现代住房制度构建中，在坚持公平优先的前提下，平衡公平和效率的关系方面，需要注意以下三个方面的基本问题：一是保障性住房的建设规模和速度要与经济发展和财政承受能力相适应，防止对政府财力的压力过大，而影响在经济社会等其他方面的支出，从而影响整个经济发展和效率的提高。从近期来看，由于保障性住房的长期缺失，历史欠账

---

① 法国巴黎“黄马甲”运动，始于2018年11月17日，是法国巴黎50年来最大的骚乱，起因为抗议政府加征燃油税。作为标志的黄马甲是在法国车辆中必备的安全黄马甲。

很多，难以满足急需保障对象的要求，因此，加大建设规模、加快建设速度是必要的。但是，当保障房建设达到一定规模，保障房的建设应该适时进行，避免香港特区政府1998年放弃“八万五”计划在深圳重演，也要防止由于受政府投资能力和投资水平的影响，造成保障性住房由于资金供应不足而陷入“半截子”工程，降低工程建设的效率。二是在确定住房保障对象和保障标准时，也要与政府的保障能力相适应，逐步扩大保障范围，逐步提高保障标准，防止过分强调公平、过分扩大保障范围、过高提高保障标准而超过政府供应能力，影响保障对象创造财富的积极性，形成所谓西方“养懒汉”机制。三是在保障性住房的分配方面，处理好以公平原则为主、以收入为标准分配安居房。当前确定的在保障房分配方面以学历为标准的“人才房”，从长远来看，应逐步调整到主要以收入和财产数量为标准分配政府保障性住房这个更加公平公正合理的方向上来。

3. 户籍人口和常住人口的平等

当前住房保障制度中最重大的制度缺陷，是以是否拥有深圳户籍作为住房保障对象的唯一依据，将800万长期在深圳工作、生活、缴纳社会保险、纳税的常住人口中非户籍人口排斥在住房保障之外，这是深圳住房制度中最大的不平等。在社会保障体系中，包括养老、医疗、工伤等保障中，虽然户籍人口和非户籍人口在具体政策上还存在着某些差异和不公平的待遇，但毕竟还将非户籍人口，包括常住人口纳入社会保险体系之中。在住房保障等方面，几十年以来，非户籍市民，尤其是占总人口 2/3 的常住人口始终未能纳入住房保障体系。实际上，公民的住房权不仅是国际惯例，也是国家住房保障制度改革总体计划中早已明确的。国家多年来不仅一直强调地方政府要解决好劳务工的居住保障问题，而且在国务院《城镇住房保障条例》（征求意见稿）中明确提到要为“在城镇就业的外来务工人员提供支持和帮助，满足其基本住房需求”。深圳在住房保障制度上这一重大制度缺陷，与深圳在改革开放、经济发展和经济社会体制改革的地位极不相称。

考虑到深圳非户籍常住人口数量大，纳入市社会保障体系，政府在财力、物力、土地、建设进度方面会有很大的压力。但是，纳入住房保障体系，政府可以采取不同的方式逐步实现常住人口住房保障的全覆盖，给 800 万非户籍人口的生活带来希望。比如，根据保障性住房建设和筹集的实际情况，制定一定的标准，优先解决在深圳工作、生活、参保时间比较长的非户籍常住人口住房问题，对来深圳参加工作时间比较短的常住人口，可以建立长期轮候制度，使他们获得住房保障的期待。香港的各类保障性住房，包括公屋居屋，新加坡的一居室、二居室、三居室等，也都是采取轮候制度。再如，考虑到将 800 万非户籍常住人口纳入住房保障体系，对保障的标准可以适当降低，并逐步提高。目前深圳市户籍人口中，人才住房的建筑面积标准为 90 平方米，安居型住房的建筑面积为 70 平方米，公共租赁房面积为 30 至 60 平方米不等。在未来保障性住房的建筑设计上，应考虑适应非户籍常住人口的需要，多建设一些 30 平方米甚至更小一些的保障性住房，以解决更多的被保障对象的最基本住房需求。再如，长期以来，800 万非户籍常住人口相当多地居住在原居民建设的城中村之中，相当一批城中村住房的基本环境较差，这几年房租价格还不断上涨，进一步增加了生活负担。在政府新建的社会保障性住房难以满足实际需要时，可以先采取货币补贴的方式解决非户籍常住人口的住房保障问题，货币补贴的标准也可以逐步提高，等等。通过不同方式,实现户籍人口和非户籍常住人口住房保障的基本平等，更好地体现社会主义公平平等原则,体现共享发展的执政概念。

4. 住房保障需求和经济社会长期持续发展能力相适应

从深圳的实际情况来看，由于 2002 年后的十年期间基本上停止了各类保障性住房的建设，没有满足保障性住房对象的需求，历史欠账很多，需要加快建设。同时随着近些年深圳政府各种收入已超过 1 万亿元，完全有条件加快保障性住房的建设，抓紧解决保障性住房的历史欠账。但同时，保障性住房建设需要大量的资金、土地，需要交通等城市基础设施的投入和教育、卫生等城市公共服务的配套，在以出租为主要方式的住房保障中，政府财政每年还需要投入一定的运营维护费用。因此，在未来保障性住房建设过程中，也要防止过大的建设规模给未来财政、土地、基础设施、公共服务带来长远的压力，避免像个别西方国家过多的福利陷阱对经济社会长远发展带来影响和压力,使保障性住房建设和住房保障制度不可持续的教训。

从历史上看，住房保障不足和保障住房建设规模过大，两种现象在深圳都有过。在2000年以后十年间，保障性住房缺失是主要矛盾，给深圳的经济社会带来了一系列问题。但2018年出台的《意见》又提出了到2035年主要建设和筹集不少于100万套保障性住房，每年接近6万套的保障性住房建设的宏观规划和目标。根据深圳市出台的众多的发展规划和计划的经验，市政府有关部门在提出这样宏伟目标时，未必详细测算过这100万套保障房需要多少建设资金，需要占用多少土地资源，这些建设资金和土地资源能否落实，发改部门能否保障资金的落实，国土规划部门能否保障土地资源的落实，等等。更进一步讲，它们在提出100万套保障性住房目标时，也许没有去测算需要多少交通、供水、供气等城市基础设施的投资；更不会去测算100万套保障性住房需要多少教育、卫生、文化等公共服务的配套建设资金，100万套商品房建成后政府每年需要投入多少运营、管理的费用。这些配套的基础设施建设、公共服务以及运营管理所需的大量资金，有关市政府计划、财政、教育、卫生等部门根本就没有进行建设需要和各项资金的平衡。

5. 保障范围和保障水平的兼顾

从深圳住房制度改革的长远来看，随着深圳经济社会的发展，保障的范围需要不断扩大，保障水平需要不断提高。但是受经济发展阶段影响，保障范围的扩大、保障水平的提高都应该选择在一个适当的水平上。同时，在一定的经济水平下，保障范围的扩大与保障水平的提高有时往往是矛盾的：保障水平的提高，通常会影响保障范围的扩大，保障范围的扩大往往又制约着保障水平的提高。如何兼顾保障范围和保障水平，是未来深圳住房制度设计的一个难点。

目前深圳住房保障范围过小和保障水平过高的问题同时存在。由于将 2/3 的非户籍常住人口排除在外，因此保障的范围过小。由于保障范围仅仅是 1/3 的户籍人口，因此户籍人员住房保障的标准相对偏高，如人才保障房通常为 90 平方米，安居型保障房通常为 70 平方米，只租不售的公共租赁房通常为 30~60 平方米。假如将这些非户籍人口的保障范围扩大调整至常住人口，肯定是现阶段深圳经济社会发展水平和财政能力所无法承受的。从保障性住房的功能性质来看，对保障对象的住房只能达到满足居住生活的基本要求。因此，近期深圳住房制度改革的方向应该是扩大住房保障范围，适当降低住房标准，不管是人才房、安居房还是公共租赁房的保障水平都应有一个较大幅度的降低，以满足扩大保障范围后的广大非户籍常住人口的需要，为此需要调整现有的保障性住房的建设标准。

当然，随着若干年后深圳住房保障欠账问题逐步解决，随着经济发展和人民生活水平的提高，保障范围和保障标准都是可以逐步提高的，新加坡、中国香港的保障性住房制度给我们提供了很好的案例和宝贵的经验。新加坡随着经济的发展，享受属于保障性住房的政府组屋的比例逐步达到93%，其中有93%居民拥有组屋的产权，只有7%的低收入群体向政府廉价租赁组屋。与此同时,保障性住房的标准经历了由一房式、二房式向三房式、四房式的过渡。香港从保障水平来看，20世纪70年代廉租房的建筑标准以每人不少于3.25平方米为基础，首先解决了低收入群体的基本需求问题，随着政府保障能力的提高，低收入群体的保障性住房不仅面积不断扩大，建设标准和配套标准也不断提高。尤其是近几年，以林郑月娥为特首的新政府，取消了传统的保障房价格与商品房价格52%的定价方式，改为以收入标准确定保障性住房的价格，提高了保障对象的月收入标准，使家庭月收入5.7万港币的家庭都能申请居屋，大大扩大了保障性住房申请人的范围。长期以来，香港享受保障性住房的社会群体一直保持在55%左右，降低了保障房的价格，提高了申请保障房家庭的收入标准，使未来香港保障性住房的覆盖范围扩大到70%，接近新加坡水平。

6. 实物保障和货币补贴的选择

在新加坡、中国香港等地现代住房保障制度下，通常都是以租或售的方式，将政府兴建的保障性住房提供给中下收入或中上收入的群众，并没有采取对保障对象进行货币补贴的方式来减轻保障对象的租房支付负担。在深圳的住房制度改革历史上，在20世纪八九十年代的改革设计时，也没有货币补贴的方式，只是在2002年深圳市取消了对党政机关事业单位的实物分房后，为新进公务员和事业单位的人员采取了货币补贴的方式，每月根据行政级别发放不同的住房补贴，并纳入党政机关事业单位,乃至国有企业的工资薪酬体系之中。这种方式，应该说是对2002年后深圳住房制度方向性调整后的一种具体政策的补缺，解决了部分新进入人员住房负担，应该说也有一定的合理性。

这些年深圳市政府在保障性房源不足的情况下，对部分所谓“人才”以及极少数低收入家庭，也采取了货币补贴的方式，帮助这些群体减轻由于市场商品房价格和租金暴涨带来的沉重负担，应该说也是一种较为可行的方式。尤其值得提出的是，货币补贴作为住房保障制度的一个重要方式，除了政府保障性住房建设的缺失外,与深圳市现有的住房结构有极大关系。长期以来，由于政府没有为中低收入的群体提供相应的住房保障，800万非户籍的常住人口住房的市场需求，极大地刺激了原居民在城中村大量兴建简陋的住房。在目前深圳市整个住房建筑中,50%左右为原居民在城中村建设的大量违章违规建筑，这些建筑通常住房条件较差，配套设施及公共服务落后，但房租价格较低，客观上承担了政府应该为中低收入群体提供廉价出租屋的功能，为深圳这座年轻的移民城市的发展作出了历史贡献。

从深圳住房制度改革和保障性住房建设的实际来看，假如将非户籍的常住人口纳入住房保障体系之内，现有保障性住房根本难以满足实际需求。因此，在未来相当长时间，应该继续对中低收入的群众采取发放货币补贴的方式，来解决和减轻低收入群体的住房负担，进一步发挥好城中村在弥补政府保障性住房不足方面的积极作用。但是从长远来看，对中低收入群体的住房保障应该坚持实物租房、买房为基本方式，不应长期靠发放住房补贴的方式。对此，一方面应该加快小型的供中低收入群体租房的廉租房的建设，使保障对象居住在政府提供的廉租房内；另一方面对现有城中村的原居民的建筑，政府也可以进行适当改造后，采取收购的方式纳入政府的廉租房体系之中，然后再以廉租房租给中低收入的保障对象，这样逐步减少和取消大量使用“货币补贴”的住房保障的方式，使深圳住房保障制度逐步与现代住房制度改革的方向接轨。

7. 两种住房价格的脱钩

从深圳住房制度改革和房地产市场发展的历史上看，在1999年10月20日以前，政府所建立的各种保障性住房还没有被允许上市，保障对象严格按照政府福利商品房和微利商品房的价格购买保障性住房，并且在没有取得完全产权之前不允许在商品房市场转让。这个时期，深圳实际上存在着保障性住房和商品房两个市场，一个是政府回购的并在保障对象内部转让的内部市场，一个是完全按市场规律运行、按供需关系调剂的公开房地产市场，两个市场的价格相差约四倍至五倍。1999年10月20日深圳市政府出台了《深圳市国家机关事业单位住房制度改革若干规定》，允许保障性住房在补缴极为有限的资金后获得完全产权，可以直接到商品房市场转让，从而打通了两个市场之间的通道，使部分保障对象因此获得了相当大的利益。从此以后，深圳房地产两个市场实际上已经并轨，成为以商品房市场为基本的完全由市场调节的公开市场。最近几年，市政府为解决大量群众因高房价而买房困难的问题，兴建了一批经济适用房、人才房或安居房等不同类型的保障性住房，并对保障性住房进入商品房市场进行了严格的规定，在相当长时间内保障房的出售只能由政府回购。因此在一定程度上又形成保障房内部交易市场和公开的商品房市场两类市场。

从未来深圳构建完善、合理、公平、公正的住房制度来讲，保障房内部市场和公开的商品房市场是应该完全脱钩的。这是因为两个市场的供应方和需求对象不同，两个市场的调节手段和方式不同。从供应方和需求方来看，市场商品房的供应方是以营利为目的的，房地产开发企业需求方是社会高收入、中等收入的群体。保障性住房的供应方是以提供公共服务、社会保障为基本职能的政府,需求方是社会中低收入或中等收入群体。从调节手段和调节方式来看，市场商品房是靠市场机制供求关系、价值规律自我调节，特别必要时政府才用经济手段出台一些调控措施；保障房内部市场是政府靠行政手段，以保障对象可以承受的水平来调节价格，以政府自己的资金、土地资源、保障对象的范围和保障标准来调节供求关系。因此构建未来住房保障对象制度要坚持两个市场相隔离的基本原则。

在两类市场隔离的设计中，要认真总结几十年深圳房地产市场发展和住房制度改革的经验教训，不再以市场商品房的价格和租金为依据来确定保障性住房的价格和租金，防止中低收入群体连深圳政府的保障性住房都买不起、租不起。对于以前已经出台的部分保障性住房若干年后进入市场时，要在补缴有关费用方面以公平为主、兼顾效率，防止少数人利用政府不适当的政策取得不应该得到的特殊利益。深圳市政府以后不再出台保障性住房进入商品房市场的有关政策，逐步实现彻底隔离两类房地产市场之间的联系。在对两个市场调整中要防止政府错位和缺位，对保障性住房内部市场的调节，主要靠行政手段，不能按调节商品房市场的方法。反之，对商品房市场调节的方式和方法，也主要靠经济手段、市场手段调节供求关系，保持房地产市场健康发展，而不能主要靠长期以来的用行政手段对房地产企业和购房者实行限购、限卖、限时、限价这一套传统的方法和手段。

8. 售房和租房的平衡

在保障性住房体制构建中，售房和租房是两种基本的保障方式，在不同国家和地区，在不同的经济发展阶段，售房和租房的结构也不尽相同，是一个比较复杂的问题。这是因为对政府和保障对象来讲，售房与租房各有利弊，会有不同的选择。通常讲，对中等收入水平来讲，在可承受范围的情况下，售房有利于保障对象安居和社会稳定，有利于城市的凝聚力以及和谐社会的建设，“居者有其屋”是中国人对小康社会的美好愿望，“有恒产者有恒心”有利于经济发展和社会稳定。对政府来讲，售房也有利于回收相当部分的保障性住房的建设投资，以利于保障房建设基金的流动式发展。但是售房也存在着不利的一面，由于售房后，政府手中掌握的流动性的房源少，不利于对更需要解决住房的低收入群体的扩大供应，并进行合理的社会调节；售房的面积通常比较大，建设资金多，售房过多不利于扩大保障性住房的覆盖面，售房对一些中低收入的家庭也往往带来较为沉重的压力。另一方面，从租房的保障方式来讲，由于租房的面积较小，投资较少，在一定时期也有利于解决更多的中低收入群体的住房困难，有利于减轻低收入群众住房支出的压力；由于政府手中掌握了租房资源，有利于通过不断调节为未来新增城市人口提供基本的住房保障。因此租房与售房关系的平衡，是住房制度改革中的一个重要策略。

在 20 世纪 80 年代末 90 年代初，深圳市出台的住房制度改革方案中，保障性住房的保障方式中几乎没有考虑租房方式，这和当时改革的背景有密切关系。一是当时房改需要解决的主要矛盾是打破计划经济体系下单位福利分房的传统体制，确定符合社会主义市场经济体制的“提高租金，出售住房”的改革基本框架和基本思路，因此以售房为基本保障形式是无可非议的。二是在 20 世纪 80、90 年代深圳商品房价格不高，保持了近二十年的平稳发展，政府确定的保障性住房，尤其是房改房的价格更低于市场商品房，通常初期每平方米几百元，后来调整到 1000 至 2000 元不等。除个别特别困难家庭外，通常买保障性住房对职工而言经济负担和压力不大，通过家族亲戚相互帮助即可一次性解决购房所需资金，基本上没有到银行贷款形成家庭负债。三是从人口结构来讲，20 世纪 80、90 年代尤其是 80 年代深圳的外来务工人员在人口比例中还不是太大，民营企业还在初创和成长时期，外资企业通过在工业园区内建立职工宿舍，比较好地解决了劳务工的居住问题。同时，20 世纪 80、90 年代第一代劳务工，外出打工主要是提高收入、积累资金，在原籍盖房，为年长后返乡养老做准备，并无像第二代劳务工那样强烈的城市归属感。由于这些原因，在 2000 年住房保障方式上，只是对极少数享受城市最低生活保障的户籍人员和家庭提供价格低廉租房，政府建设的 20 多万套保障性住房基本上以出售的方式卖给了各类保障对象。

从 2010 年以来，随着深圳市场商品房价格从每平方米 2 万元攀升至 5 万元以上，绝大多数工薪阶层已经无力购买商品房，成为政府保障房的供给服务对象，保障的范围大大扩张了。尤其是随着未来把非户籍的 800 万常住人口纳入住房保障体系内，过去的售房为基本保障方式的政策应该进行调整。2018

年深圳市政府出台的《意见》虽然也提出了租购并举的原则，但在实际的保障房建设结构中确定了可租可售的安居房、人才房占 2/3。现有以售为主的保障性住房的建设结构和保障方式，显然与未来政府保障性住房的建设能力、保障对象的可承受能力、提高社会住房保障程度不相适应，应该进行保障性住房建设的结构性调整和租、售不同保障方式的比例的调整。

9. 治标与治本的结合

2005 年以来深圳房价持续十多年的快速增长，给深圳的经济、社会、人民生活等带来全方位的严重伤害，在国家的严格要求和深圳社会的强烈反映下，政府在解决高房价和工薪阶层的住房困难方面，也做了不少工作。比如几乎穷尽了各种行政手段、经济手段调控房价，但是房价越调越高，直到 2017 年后，政府采取了几乎接近计划经济体制下的价格管制手段，才使房地产价格表面上稳定下来了，但实际上又出现了新房与二手房价格倒挂的奇特现象，掩盖了房地产商品房的真实价格。

为什么会出现十多年房价越调越高的现象呢？如前所述，深圳房价高的表面原因是需求过旺，市场秩序混乱，炒房现象严重等，但本质上最根本的原因是住房制度改革出现了方向性问题，保障性住房的建设没有到位，以及政府在追求 GDP 和土地财政的驱动下，出于自身利益背后推动的结果。采用经济的行政手段去限制买房，甚至用行政管制的方式去管控房价，从短期来看，也是不得已而为之的措施。在治本措施没有实施的情况下调控房价通常是治标不治本,造成房价势必越调越高。

因此，在未来调控商品房市场中，应该实施标本兼治，搞好治标与治本的结合。近期治标不能放松，因为保障性住房的建设投资大、周期长，受多种因素限制，很难在短期满足数量庞大的中低收入群体住房保障需求。因此在相当长时间内，还是需要用多种方式防止房价上升过快,达到治“标”的要求。同时应加大治“本”的力度，搞好治标与治本的结合，通过治标为治本赢得时间,通过治本为治标换来空间,“以时间换空间”的方式，应该是未来深圳住房制度改革的重要策略。

采取治标与治本相结合、“以时间换空间”的住房制度改革和房地产调控的策略在未来能否成功，能否坚持下来，仍然面临着很多问题和挑战。从深圳乃至全国十多年来对房地产市场的调控来讲，从策略上看也是治标与治本相结合、“以时间换空间”的策略。但受多种因素影响，这种策略并没有取得多大的实际效果：从治标来看，过高的房价始终没有调整下来，使高房价成为影响全国经济发展的最大的风险之一；从治本来看，保障性住房的建设始终未能按照计划顺利推进，住房难仍是城镇居民生活中“三座大山”之一。深圳的情况与全国也大体相当，以“时间换空间”的策略从深圳到全国都没有取得成功，教训十分深刻，代价极其高昂。因此未来深圳的住房制度改革和房地产市场的调控，在治标与治本结合时，应该深刻汲取过去的经验教训，近期治标不动摇，长期治本不松懈，并随着治本措施的落实，逐步调整治标的方式和力度，实施“以时间换空间”的改革策略，最终过渡到以本为主的正常调整状态，实现住房制度改革和房地产调控的目标。

10. 行政手段向经济手段的过渡

十多年来深圳乃至全国对房地产市场的调控，主要方式基本上是以行政手段调控需求方，把控制卖房作为房地产调控的基本方式，包括采取各种行政手段：不断加强限购措施，限制买房的资格（如户籍、交社保年限），限制买房的数量（如非户籍人口每个家庭只能买一套），限制转让时间（如规定五年内不得转让），限制首付比例（如第二套房首付比例不低于50%），提高房贷利息，等等。多年积累下来，各种限购限买政策名类繁多、五花八门，并且不断调整翻新，完全背离了市场经济的正常运行规律，可谓中国市场经济发展过程中的奇特现象和怪胎。这种违背市场规律的治标不治本的调控手段和调控方式往往难以成功，因此形成房价越调越高的怪圈，使深圳的房价从 2005 年到 2015 年上涨十倍。

在未来若干年内，随着保障性住房的大量建设，以及保障性住房内部转让与市场商品房两个市场的分别独立运行，商品房市场的供需关系将发生重大变化，商品房价格可能会较大幅度调整。在未来，政府的主要任务是适应商品房市场发展规律，充分发挥市场调节的作用，避免政府的越位现象再进一步发生。当市场严重失灵，商品房市场发生剧烈变动，并严重影响房地产市场健康有序发展，以及经济发展和社会稳定的时候，政府适时适当出台一些调控政策也是必要的。但是要根本转变过去长期对房地产市场调控的方向和手段：从调控方向上看，应该从调控需求方为主向调控供应方为主转变；从调控手段上看，应该从以行政手段向经济手段转变，即通过土地供应的增加或减少，以及银行对房地产开发企业贷款利率、资金供应数量等对房地产开发、供应规模进行必要的调控，实现房地产市场调控目标。对需求方的调控也要用类似房贷利息、首付比例等经济手段，避免采取过去那些名目繁杂的限制，如买房者的身份、资产、购买数量、转让期限等行政性措施和政策，逐步实现对房地产市场的调控以行政手段为主向以经济手段为主过渡和转变。

（二）深圳住房保障制度的十大政策调整

深圳市 2018 年下半年出台的《深圳市人民政府关于深化住房制度改革加快建立多主体供给多渠道保障租购并举的住房供应与保障体系的意见》（以下简称《意见》），不仅是从 2010 年深圳市人大颁布《深圳市保障性住房条例》以来，对住房保障制度涉及面最广的一个文件，更重要的是，它是 21 世纪以来深圳住房制度从以商品性为主向以保障性为主进行改革方向调整的一个标志性文件，从指导思想、改革方向上来讲是值得肯定的。但是，由于种种原因，这个《意见》在未来深圳住房制度改革的整体设计、系统思考、重大政策等诸多方面存在着一些根本性缺陷和诸多漏洞，在实践中必然带来一系列严重问题。根据深圳市未来现代住房制度的目标和重要策略，深圳需在《意见》的基础上在以下十个方面的重要政策作重大调整，以进一步完善深圳现代住房制度改革。

1. 将非户籍常住人口纳入深圳住房保障体系之中，扩大深圳住房保障体系的覆盖面

将非户籍的常住人口中中低收入群体纳入深圳保障性住房体系和覆盖范围，是深圳市住房制度改革首先必须调整的最重大的政策。它关系到深圳住房制度改革方向性的调整，它既是保障市民住房基本权利的需要，也是国家住房制度改革所确定的原则，更是深圳未来促进经济社会健康发展和人民生活水平不断提高以及完善住房制度的自身的需要。这个问题已经拖了近二十年了，矛盾积累日益加深，为此，无论遇到多大的困难和阻力，深圳市政府都应该下决心解决这一问题。

将非户籍常住人口中低收入群体纳入住房保障体系，对现有深圳住房保障制度和体系将是一个严重挑战，给未来保障性住房建设、供应、分配将带来巨大的压力。据有关部门统计，到 2015 年底，深圳保障性住房覆盖的人群 136 万人，加上领取货币补贴的群众 18 万人，总共 150 万人左右；如按照户籍人口的保障范围，住房保障率为 37.5%，但如按常住人口计算，住房保障率才 16%，不用说与中国香港、新加坡等地相比，即使按国家要求的住房保障率20%也达不到。假如按照香港目前住房保障群众占居民人口比例50%计算，2017年深圳的住房保障对象626万人，远远高于目前覆盖面150万人的保障数量。考虑到800万非户籍的常住人口中，基本上或者绝大多数是常年在深圳的基层务工人员，收入水平普遍低下，是深圳收入水平最低的弱势群体。因此，将800万非户籍的常住人口纳入住房保障体系后，政府所保障的对象数量远远超出626万人。据统计，在2017年1252.83万常住人口中，属于中低收入群体至少应在900万人，并且这几年深圳的常住人口仍在不断增长，住房保障对象数量越来越大，住房保障的任务越来越重。

在将非户籍的常住人口纳入住房保障范围后，对现有的深圳住房保障体系建设的结构和其他重大问题，必须相应作出重大调整。比如住房保障的标准需要作重大调整，按现在的保障房中90平方米的人才房，以及1/3的70平方米的安居房标准，肯定难以满足扩大保障范围后的实际需要。保障性住房建设规划中，公共租赁房仅占1/3，显然与未来的保障对象的结构不适应。现在仅仅立足于为户籍人口提供保障性住房的建设规划、布局都需要作重大调整。保障范围一下子扩大几倍后，光靠政府建的公共租赁房显然无法满足需要，必须对保障方式作出相应的调整。对现在保障性住房的规划、布局、建设规模、建设标准以及保障方式的调整，相信一定是一件非常复杂和艰难的工作，会遇到各种各样的困难和挑战，唯有秉持坚定的决心、实事求是的态度，才能平稳实现深圳住房制度改革历史上的这一重大转变。

把非户籍的常住人口纳入住房保障的对象和范围，并不意味着政府立即就能为这一庞大群体提供保障性住房。从新加坡、中国香港等地的实践看，保障性住房的范围及标准都有一个随着政府住房保障能力的提升而逐步扩大和提高的过程。尤其是像深圳这样上千万人口的特大城市，要满足包括常住人口在内的中低收入水平群体的住房保障的实际需要，恐怕要有一个很长的历史过程，保障的水平和标准也需要有个不断提高、不断改善的过程，需要分期分批，并用不同方式使常住人口享受政府提供的住房保障。为此，需要政府有关部门进行具体的政策设计和操作设计。比如，根据市区保障性住房建设和供应的实际能力，以及住房保障范围扩大后的实际需要，调整和重新制定具体的包括安居房、公共租赁房在内的各种保障性住房的规划、建设、分配、供应的标准，以收入水平或参加社保年限等为依据，建立合理的分配供应门槛，使部分保障对象获得实物性住房保障的同时，建立起规范的分房轮候制度，让多数暂未分到保障性住房的群体抱有在深圳“住有所居”的期待和梦想。又如，考虑到扩大覆盖范围后，深圳保障性住房需求矛盾加剧，在实物住房短期难以满足需求的情况下，为了减轻保障对象的租房压力，可以采取货币补贴的方式，为保障对象提供必要的住房保障条件等。

2. 取消主要以学历为标准的人才住房保障政策，建立以收入和财产为依据确定保障对象的合理的住房保障体系

从2010年起，深圳市住房保障制度体系中增加了一个特殊的保障群体，即“人才保障”，人才房已经构成深圳保障性住房体系中的重要组成部分。多年来，深圳市以学历作为主要依据，确定不同层次的人才标准，并列入住房保障制度中最重要的保障对象，将新建保障性住房中1/3的房源作为“人才房”，并对未分配到“人才房”的人才进行货币补贴。虽然出台这项政策的出发点是为了提升城市对人才的吸引力，为深圳高科技发展提供更好的人才服务体系，但从根本上使政府和用人单位在人才住房保障和激励机制上发生了“错位”，违背了住房保障性的改革和公共政策制定中的公平原则和基本方向，应该是住房制度调整中的重要缺陷，为未来完善住房保障体系遗留了很多后遗症，应该及早纠正和调整。要按照现代住房保障制度和国家保障性住房的基本要求，回到以收入水平和财产水平为依据确定住房保障对象的基本方向和基本原则上来。

毫无疑问，人才生产力是城市生产力的最重要的表现之一，获得大学本科学历的市民，以及杰出人才、领军人才等各个层次的人才都是深圳经济社会发展的重要资源，政府和用人单位应该制定不同的政策，创造更好的环境，吸引更多的人才。

对刚毕业不久，以及处于中低收入或中等收入的各种人

才，应该纳入政府住房保障的对象和范围，用实物或货币进行住房保障。以收入或财产为标准确定保障性住房的对象，对深圳本科毕业生中绝大多数青年或收入不高的人，政府将会继续提供应有的住房保障，并且随着经济发展水平的提高，大部分人才的住房保障标准也会逐步提高。对部分处于高收入或中等收入的人才群体，在高房价的情况下，对部分特别需要的人才，用人单位也会采取其他不同激励方式，帮助他们解决好住房问题。因此，调整以“学历”为主要依据的“人才房”保障政策，不会影响深圳整体上吸引人才的环境。

若干年以前，由于社会各阶层的收入和财产信息不够透明，加上社会诚信体系不够完善，政府各部门对社会各阶层的收入和财产的监管也不完善。因此，2007 年前后，深圳市政府首次用传统的行政性审核和审批的方法，动员十多个行政部门对保障对象的收入和财产进行审核，试图做到公平公正。但实践证明效果并不理想，不仅效率低下，而且也出现不少弄虚作假、骗租骗购以及腐败行为。在此之后，深圳市借鉴新加坡、中国香港的经验，出台《深圳市保障性住房条例》，以立法形式明确规定申请人的各种义务和权利，逐步建立了比较完善的保障房的租赁“轮候制”，做到了信息公开，接受社会监管，并建立“黑名单”制度依法处理违规违法行为，提高了社会诚信水平，得到了社会的认同。因此，既然可以做到对户籍人口中享受安居型保障的中低收入人群的收入财产进行审核，建立规范的“轮候制”，那么取消“人才房”政策后，按收入水平和财产水平确定整个社会住房保障标准和保障范围，应该也是可以做到做好的。考虑到保障性住房的范围由户籍人口扩大到整个常住人口，深圳市有关部门应该重新统一制定包括人才在内的全社会保障性住房的分配标准，以保障社会中低收入群众住房的基本需求。随着政府财力的不断提高，住房保障的范围对象也会逐步扩大，保障标准也会逐步提高。

随着“人才房”政策的调整，政府保障房规划、建设、分配等一系列具体政策和措施，都应该相应调整，比如现在政府确定保障房建设规划和计划安排中，建筑面积 90 平方米人才住房占 1/3，取消“人才住房”的政策后，整个保障房的建设规划、布局以及建筑结构都应该作重要调整。原来以“人才房”为理由，安排企业单位在自有土地上自建的保障性住房，也需要在建设、分配方面作出调整。在对人才进行住房货币补贴方面，由于“人才房”政策取消，以及将非户籍的常住人口纳入住房保障体系后，整个保障性住房覆盖面的扩大，对住房货币补贴的范围和标准都应该作相应调整，等等。

3. 取消以市场商品房价格为参照，调整为以保障对象可承受能力为标准，确定保障性住房的价格

以市场商品房价格为参照系，按照一定的比例，确定保障性住房的售价和租金的数额，这是新加坡、中国香港过去长期以来确定保障性住房的售价、租金的基本方式。这种方式，在市场商品房价格不高、房地产市场长期健康有序发展的情况下，是比较适合的。随着商品房市场价格和租金的不断攀升，保障性住房的房价和租金与市场商品房挂钩的弊端也越来越多，不仅是保障性住房的价格波动太大，更重要的是使保障对象的支付能力难以承受。保障性住房房价和租金改为与市民收入挂钩，本着市民可承受原则，大大降低了保障性住房的价格，扩大了保障性住房的覆盖面，提高了保障水平。按照2018年深圳市政府的《意见》规定，安居型商品房的价格为同地段市场商品房售价、租金的50%，人才房为60%，按照现在深圳商品房价格，单靠被保障对象的家庭收入是难以买得起政府提供的安居房和人才房的。因此，在未来深圳市保障性住房政策调整中，应该将各类保障性住房的价格和租金与届时同地段市场商品房价格、租金脱钩，改为与中低收入及其他住房保障对象的收入挂钩，根据可承受原则确定各类保障性住房的价格。

将保障性住房的价格与市场商品房脱钩，与保障性对象收入挂钩不仅在技术上更容易操作，更为合理科学，而且也更符合保障性住房体系建立和发展的目标。从技术操作上，深圳把保障性住房的价格和租金与届时同地段市场商品房的价格、租金挂钩，实际上是难以操作的。这是因为“同地段”是一个不准确的概念，也是一个难以比较的概念，多大范围算是“同地段”，即使同一个小的区域，每栋房子的建筑标准、区域配套、周边环境不同，商品房价格和租金差别也是很大的；况且市场商品房的价格又是波动很大，不断变化，因此“届时同地段”都是些难以操作的官方概括，严格说来不具备可操作性。从保障性住房建设的目标来看，与保障对象的收入挂钩，更能体现国际通行的保障性住房的“可承受性”的实行原则，使保障对象可以买得起、租得起，既能够保障其基本的住房权利和需求，又不影响正常的生活标准和生活质量，更不会为保障对象带来长期的债务负担。

根据国际上通常的居民对商品房价格和租金的可承受能力的指标，房价收入比通常为 4~6 倍，租房支出通常不超过居民月收入的 1/3。为此，政府在未来确定深圳保障性住房的价格和租金时，应大体参照国际上通行的方式和方法，结合深圳的实际，确定出深圳各类保障性住房的价格和租金。从目前深圳的房价水平来看，调整后的保障性住房的价格和租金，尤其是各类保障性住房的价格会有较大幅度的下降调整，从而较大地减少了政府保障性住房的出租收入。但是为了履行好政府为市民提供更好的公共产品、公共服务和社会福利保障的正常职能，更好地满足保障对象的住房和正常生活需要，即使减少部分政府收入也应该坚持住房保障制度改革的方向和政策。香港 2018 年保障性住房居屋的定价原则调整后，居屋的价格下降了 30% 以上。虽然政府从保障性住房这一项目中获得的收入减少了几十亿元，但大大减轻了购居屋群体的买房负担。中国香港特区政府的成功经验表明，深圳作为示范区和先行区，并且经过四十年的改革开放，经济实力大大增强，政府的年财政收入总额也已经超过香港，是有能力做到的。因此，在未来进一步完善住房制度改革中，深圳也应该向这个方向努力，克服各种阻力，实现保障性住房价格确定原则和标准上的转型。

4. 调整住房保障方式，把货币补贴作为主要方式，尽快把非户籍常住人口纳入住房保障体系之中

长期以来，深圳市政府在住房保障体系的建设和完善过程中，对保障对象主要是采取实物的保障性住房的方式，出售或出租给住房保障对象。为此，政府的住房保障的资金基本上用于保障性住房的建设，只是在近几年才对部分符合条件的本科毕业新来深圳的所谓“人才”发放一些人才安居补贴，对极个别享受低保的特困居民发放住房补贴。在仅仅对户籍人口进行住房保障的条件下，这种以实物补偿的方式，往往还使得大量的住房保障对象堵塞在“轮候制”里，如果将非户籍常住人口纳入住房保障体系之中，一下子增加几百万保障对象，对市政府住房保障的压力可想而知。因此，如果仍然采取过去单一的对实物住房进行出售、出租的方式，显然无法满足住房保障覆盖面扩大后的实际需要，可能使上百万保障对象十多年甚至几十年被封冻在“轮候制”里，无法得到政府的住房保障。因此，为适应住房保障覆盖面扩大后的实际需要，必须调整现有的住房保障方式，调整住房建设和货币补偿之间的支出比例，在继续进行保障性住房建设的同时，应投入更多的保障资金，主要采取货币补偿方式，尽早对扩大覆盖面后的非户籍常住人口中符合条件的庞大群体发放住房补贴，把这些处于中低收入水平的住房困难群体尽早真正纳入政府的保障体系之中，分享深圳经济社会发展的成果，享受政府应该提供的必要的公共产品、公共服务和包括住房在内的社会保障福利体系。

从这几年深圳市对人才进行货币补贴的实践来看，在相当长时间内，在保障对象轮候政府提供实物保障住房的过程中，采取货币补偿的方式应该是简便易行的。对保障对象来讲，一方面暂时领取住房补贴，另一方面在“轮候制”里等待实物分房或租房，给这一庞大的中低收入群众的生活带来安全和希望。在非户籍常住人口中，相当部分属于低收入的进城务工人员，生活比较困难，如果用发放货币住房补贴的方式，有可能使相当一部分保障对象将住房补贴用于其他生活支出，并未实质性改善居住条件，真正达到住房保障的目的。因此，可以借鉴国外一些国家和地区对困难群体发放食品券、住房券的方式，以发放“住房保障券”的方式给予保障对象住房货币补贴，让保障对象真正把政府的住房补贴用于改善住房条件上。同时，对房屋租赁市场也会起到很好的规范效果，使住房租赁市场健康有序发展，也便于政府对住房租赁市场的规范、监督和管理，形成政府向保障对象发放“住房保障券”，由保障对象支付“住房保障券”给房屋业主，房屋业主凭券向政府兑换现金的良好循环。向保障对象发放“住房保障券”，是深圳针对扩大覆盖面在保障方式上的重要创新，如果成功实施，对解决全国上亿进城务工人员住房保障问题也有着重要的借鉴意义。尤其是在以互联网、大数据为主要特征的信息时代，“住房保障券”的发放完全可以通过无纸化的完善的信息系统来实现，不会为住房租赁业主、被保障对象以及政府管理增加工作量。既然目前银行、保险等复杂的金融服务系统都实现了“手机银行”“微信支付”等便民措施，相比之下，“住房保障券”的发放、使用、支付等一系列系统设计，都并不是一件十分困难的事情。

5. 大规模租赁、收购、改造城中村原居民住房，迅速增加政府保障性住房数量，为更多的中低收入家庭提供廉租房

将非户籍常住人口纳入政府保障性住房对象范围后，政府对保障性住房，尤其是为低收入群体提供的廉租房的数量需求将成倍增长，对未来若干年内政府保障房的建设带来巨大压力。对此，在近期对一些急需保障的低收入群众，可以采取货币补贴的保障方式，减轻他们的生活压力；但从长远来看，政府应该通过大量保障性住房的供应，逐步将货币补贴的方式向实物租赁或购买的方式转变。

过去几十年，在深圳的住房保障制度不完善，保障覆盖面低，保障性住房建设严重不足的情况下，原居民在城中村中兴建的大量住房，为几百万中低收入的非户籍常住人口提供廉租房，基本上弥补了政府保障房供应不足的缺陷，承担了应该由政府提供的保障性廉租房的功能。根据有关方面的调查，2015 年深圳房屋建筑总面积中，政府保障性住房面积仅占 5.4%，而原居民和股份合作公司建房占 50.3%。在原居民和股份合作公司建房中，一小部分是原居民自住，大部分是用于出租。由于种种原因，占深圳房屋建筑面积近一半的原居民兴建的住房中，相当数量是没有完备的规划、建设、验收等各种政府有关部门的审批手续，被称为违法建筑。这些出租屋通常建筑标准不符规范，设施配套不够完善，区域配套比较差，社会管理水平相对较低。如何处理几十年来深圳城市快速发展中遗留下来的城中村问题，是未来深圳建设和发展中一个很难处理和取舍的复杂问题。

从目前处理城中村及大量违章建筑的思路来看，大体上可以有三种方式：

一是整合城市更新，在未来几十年内，根据城市发展需要逐步分期分批推倒重建。这种方式当然有利于现代化大城市的升级，改变城市规划和建设中的混乱状况，也有利于加强未来的城市管理。但可能会对城市的功能带来重大调整，虽然城市更新中，可以要求开发商在重建中按政府规定的比例建设部分的保障性住房，但无论从开发商的利益，还是从原居民和股份公司的要求，改造后的新区基本上变成新的商业区和市场商品房小区。因此，随着城市更新步伐的加快，目前在城中村中居住的几百万低收入居民的住房保障问题，将是未来深圳市政府难以解决的一大问题。

二是由房地产开发和租赁企业，按市场的规律和手段，去分批收购改造现有城中村的大量出租屋，改善现有城中村出租屋的生活环境，然后再以市场价格出租给几百万非户籍常住人口。这种方式运用了市场的机制，加快了城中村大批出租屋环境整体质量的提升。但是这样的结果可能形成租房市场的寡头或多元垄断，大幅度提高出租屋的租赁价格，给居住在城中村出租屋的低收入居民带来沉重的压力。近两年一些房地产商已经开始成片收购城中村的出租房，经过简单改造后分散租给低收入群体，大大提高了廉租房的租房价格，已经引起了社会的广泛关注。

三是主要由政府出面，从为社会提供保障性住房（主要是廉租屋）的角度出发，对现有的城中村的出租屋，分批分期对符合长期租赁的小区进行收购或整体长期租赁，经过必要的维护、整治和环境改造，以及必要的教育、文化、卫生等社区配套，然后作为廉租房出租给中低收入的保障对象。

以上三种方式比较起来，第三种方式即由政府住房保障部门成批收购或整体长期租赁方式可能是最好的选择，它起码可能有以下五个有利条件：一是可以尽快大幅度增加保障性住房中廉租屋的供应,加快解决非户籍常住人口对廉租屋的需求。与目前保障性住房的建设相比，这种方式不用解决保障房建设中的土地问题，保障性住房从规划选址、土地整备、建设施工，通常耗时至少五年以上，而收购和长期租赁城中村的出租屋的时间应该节省很多。二是可以大幅度节省保障性住房的建设资金。新建保障房与整治改造城中村出租屋相比，政府在资金投入方面肯定要减少许多。虽然目前深圳市财政实力较强，但将800万非户籍常住人口纳入住房保障体系之后，深圳保障房建设的资金压力还是相当大的，采取收购或长期租赁城中村出租屋的方式，既充分利用现有的社会上出租屋的资源，减少推倒重建过程中造成的社会大量浪费现象，又可节约政府保障房建设的资金。三是可以避免由房地产企业和房地产出租企业按市场机制收购、长期租赁城中村出租屋从而带来大幅度租房价格的上涨。四是有利于规范和管理房屋出租市场，确保租房市场有序健康发展。采取货币补贴的方式解决保障对象的住房困难，虽然简便易行，但如果房屋租赁市场得不到有效规范，租房价格不能有效控制，很可能将政府给保障对象的租房补贴转化为房屋业主的房租收入的增长。而通过政府收购或长期租赁城中村的出租屋，政府可利用掌握的大量出租房源，规范房屋出租市场，调整房屋租赁价格，使深圳房屋出租市场有序健康发展。五是有利于解决城中村出租屋在建设、管理中遗留的一系列问题，包括出租屋管理、社区环境整治、公共服务配套，以及解决违章建筑中的确权、建筑安全等问题。

实际上，过去市政府有关方面曾经提出过政府收购城中村出租屋改为政府廉租房的设想，但由于涉及不同利益群体的实际利益，遇到了收购对象、收购价格等不少问题，没有真正得到落实。这需要政府有关方面在未来的工作实践中，勇于坚持、大胆探索、敢于负责，加强政府内部部门之间的协调，把这些事关深圳建设发展和人民切身利益的事情办好。

6. 调整租售关系，坚持以租为主，最大限度地为中低收入群体提供廉租保障房

在 20 世纪 80、90 年代深圳住房制度改革设计中，改革的目标和方式基本是出售保障性住房，因此“十一五”以前市政府通过各种渠道供应的 27 万套保障性住房基本上已出售完毕。“十二五”期间供应的 11 万套住房也有相当大的比例出售给保障对象了。目前政府手中掌握的用于出售的保障性住房十分有限，不得不采用对所谓“人才”进行适当的住房货币补贴来减轻相应群体的住房压力。2018 年市政府出台的《意见》中，虽然提出了“租售并举”的方向，对纠正过去在住房的保障方式上以售为主的方向有一定的积极意义，但是在保障性住房的建设和分配结构中，仍然体现“以售为主”的方式。比如在人才住房的供应方式上提出“可租可售”，在安居型商品房的供应方式上提出“可租可售，以售为主”，只有占全市住房总面积 20% 的公共租赁房，才提出“只租不售”的政策。

当前深圳保障性住房“以售为主，租售结合”的政策取向应该调整为“以租为主，租售结合”，这是因为：

一是“以租为主，租售结合”更符合保障对象的收入和需求结构。随着深圳市将占常住人口 2/3 的 800 万非户籍常住人口纳入住房保障体系之中，低收入群体将成为深圳住房保障的主体对象，这些庞大的非户籍常住人口主要是从事制造业、服务业的基层员工。这一以年轻人为主的群体，收入水平低，家庭收入积蓄比较少，家庭成员不多，他们的收入水平、消费水平以及实际需求，更适应小型的公共租赁房，购买 90 平方米的人才房和 70 平方米的安居型保障性住房，对他们的收入水平来讲可能是可望而不可即的。既然未来低收入群体将成为主要的保障对象，在保障方式上应该“以租为主”，大力建设和供应面积小的公共租赁房。

二是“以租为主”的保障方式可以尽快解决大多数的低收入群体的住房困难。按照深圳市目前的保障性住房的建设标准，可租可售的人才房、安居房建筑面积以 70~90 平方米为主，只租不售的公共租赁房建筑面积以 30~60 平方米为主，在同样规模的保障房建设资金的条件下，多建设一些只租不售的公共租赁房，能够满足更多的保障对象的实际需求，缩短中低收入群众保障性住房的轮候时间，更能发挥雪中送炭的救济保障作用。

根据“以租为主，租售结合”的政策调整，未来保障性住房的规划、建设和供应的结构应该有较大的调整。未来深圳市保障性住房供应的结构中，30~60 平方米的公共租赁房至少应该达到70%~80%，也就是说在2035年市政府规划建设和供应的100万套的保障性住房中，至少应该把公共租赁房的面积从现有的30%调整到70%~80%。按照每家三口人计算，保障的人数可以大幅度增加，低收入群体的保障房轮候时间会大大缩短。随着未来深圳经济发展和市民收入水平的提高，再考虑逐步降低公共租赁房的比例，提高以售为主的安居型住房的比例，不断提高住房保障的水平和标准，适应保障对象的结构变化和需要。

从长远来看，保障性住房的方式，可能最终调整到租售4∶6的比例更为合适，即在住房保障体系中，40%的家庭购买保障性住房，60%的家庭向政府租房。这是因为一定时期后随着深圳常住人口增长速度趋缓，总量大体稳定（近两年北京、上海的常住人口已经稳定，甚至出现负增长），通过大批廉租房的建设，低收入群众住房保障的供需严重不平衡状况得到缓解，中低收入群众的收入水平得到了一定的提高，购买保障性住房的能力显著增长，保障房的出售比例应相应提高。香港有310万居民住在政府提供的保障性住房中，其中250万人为租住，近60万人则居住在购买的按“居者有其屋”规划的居屋中，即只有20%的保障对象购买政府的保障房。2017年深圳人均GDP只有香港的50%左右，因此即使在未来深圳保障性住房中出售的比例也不应该太高，以更好地体现保障性住房公平性的基本原则，尽最大可能解决低收入群体的基本住房需求。

7. 调整保障性住房出售政策，建立内部封闭运转机制，隔离保障性住房和商品房市场的流通

如前所述，自从 1999 年深圳市允许保障性住房直接进入商品房市场后，正式打通了保障性住房与市场商品房的通道。近二十年的实践证明，这两个市场的打通弊多利少，带来的政府保障房资源大量流失，以及出现新的社会不公平现象，应该说是深圳住房制度改革在探索中出现的制度性缺陷，也为保障性住房供给的可持续性带来长远的不利影响。2018 年深圳市出台的《意见》中，虽然提高了向商品房市场出售保障性住房的条件和门槛，比如规定购房人自购房之日起累计缴纳社保满十五年，或者年满 60 周岁且购房满十年等，并且原则性规定了进入商品房市场后向政府缴纳一定比例的增值收益，但两个市场仍然保留了通道，上述所讲的弊端仍然存在。为此，对未来购买保障性住房应取消保障性住房允许上市的基本政策和规定，收入水平提高后需要购买市场商品房的保障对象，由政府回购其已经购买的保障性住房，回购价格应适当考虑保障对象购买保障房的成本和收益，在高于购买价低于市场商品房价格区间进行合理选择，兼顾各方利益，既防止保障性住房直接进入商品房市场带来的弊端，又能鼓励收入水平提高后退出保障性住房的积极性。

取消保障性住房进入商品房市场的政策后，自然形成封闭运行的保障性住房内部市场与商品房市场两个市场并存的

市场结构和格局。两个市场各自按照自己的规律运行，商品房市场按供应关系由市场调节，保障性住房市场则按政府制定的法律法规规范运作。对两个市场的运行，应该借鉴中国香港、新加坡等地的经验，结合深圳的实际，制定具体的政策规定。比如，应该根据市民的实际收入和财产状况，确定各类保障性住房的准入和退出的标准。从准入标准来看，香港对享受租屋和购买居屋的门槛都有严格的法律法规要求：当收入水平超过租屋的标准时，保障对象应及时退出所租房屋，进入购买居屋的群体；如果购买居屋居民的收入水平超过标准时，应退出居屋购买群体，而进入购买市场商品房的高收入行列。制定具体保障性住房的准入和退出标准，不仅有利于政府公共资源的有效使用，有利于社会公平，也有利于保障性住房内部市场的规范运作，有利于商品房市场的平稳发展以及政府对商品房市场的宏观调控。从未来深圳住房制度及两类住房交易市场的趋势来看，作为住房保障对象，随着家庭收入的变化，市民的居住可以在两个市场之间转换，但保障性住房不能在两个市场之间转换，这应该成为未来深圳现代住房制度的一项基本原则。

8. 取消企事业单位自建保障房的政策，对已批准的各企事业单位在建的保障性住房进行清理规范

深圳在经历了几十年房改曲折探索后，2018 年深圳市政府出台的《意见》中，以多主体供给保障房为由，出台了“支

持企事业单位利用符合规定的自有用地或自有用房，建设筹集人才住房、安居型商品房和公共租赁住房”，这项政策会给未来深圳保障性住房的建设分配和管理带来一系列后遗症。

如前所述，在历史上，改革开放以来，内地一些城市在2003年以前，包括20世纪80年代的深圳，由于受传统计划经济条件下单位福利分房制度的影响，一些事业单位和国有企业利用政府行政划拨的土地和投资,或采取由企事业单位出地、社会出资的合作建房的方式，为本单位职工建设了一大批带有福利性质的住房，并随着后来住房制度的改革，将大部分单位福利房作为“房改房”出售给本单位职工。随着全国住房制度的改革，这种所谓单位自建保障性住房的方式已经被取消，单位福利保障房的建设和分配已经成为历史。住房保障是政府的重要公共职能，不能重新回到由各单位自己承担保障职工住房的福利分房的老路上去。单位提供福利保障房不仅有悖于住房社会保障的基本性质，而且会给社会带来新的极大的不公平，造成政府土地资源和财政资源的流失，给未来的深圳住房保障制度带来制度性缺陷，应该进行调整：取消企事业单位自建各种类型的保障性住房的做法，把所有社会成员，根据市政府制定的标准和门槛，统一纳入社会住房保障体系之中。

为了不遗留更多的后遗症，对已经批准的由企事业单位建设的包括人才房、安居型商品房、公共租赁房在内的各种保障性用房，应根据以下几种情况分别完善处理：一是对事业单位利用政府行政划拨的土地以及部分或全部政府资金建设的供本单位员工居住的保障性住房，统一纳入政府保障性住房的供应体系，本单位员工按照全市统一的保障性住房的标准，参与市各类保障性住房的分配。二是对企业利用自己土地建设各类保障性住房，如果土地规划使用性质是非市场商品房用地，建成后政府应回收企业自建的保障房，纳入全市保障性住房的体系之中；同时政府应支付企业保障房建设中的合理的代建费，并退返企业购买土地时已经付出的地价，企业员工纳入全市的住房保障之中，按规定参与市保障房的分配。三是如果企业将自有用地的功能由工业建设用地调整为市场商品房性质，建成后作为企业员工福利或职工的激励方式，低价或无偿租赁给自己企业的员工，企业应参照市场商品房的土地出售价格向政府补交地价。在这种情况下，企业员工的住房本质上是企业给的福利待遇或激励措施，与市政府住房保障体系没有直接关系。四是如果是在工业园区内，企业利用自有土地建房，在土地的功能和性质没有改变为市场商品房性质的情况下，企业所建房子不能对外销售，只能用于为本企业员工提供必要的配套的职工宿舍。对于这类企业为园区配套自建的员工宿舍，政府主要是加强监管，防止企业变相向企业员工出售住房，更要防止企业向社会出售、出租自建的住房。

9. 理清政府与各类住房建设主体的界限和关系，进一步完善保障性住房的建设、供给体系

2018 年深圳市政府出台的《意见》中，为加强保障性住房的建设与供给，提出了“多主体供给”的方针和策略，并具体提出了八类供给主体及其相应的供给方式。虽然多主体供给在近期有利于加快保障性住房的建设，但是政府与各类建设主体的界限不清、职类混乱，如不能及时界定边界、调整功能、确定职责、明确权利和义务，不仅会遗留诸多历史问题，而且会对深圳保障性住房的建设和供给产生不利影响。不同种类供给主体与政府关系的界限调整具体措施如下：

（1）关于“以房地产开发企业为主，提供市场商品房、安居型商品房”。

安居型商品房属于保障性住房，售价远远低于市场商品房，因此，政府只提供包括安居型商品房在内的保障性住房，不应向社会提供市场商品房。市场商品房完全是房地产开发企业按市场规律进行开发建设。房地产开发企业作为以营利为目的的市场主体，不负责提供属于保障性住房性质的安居型商品房。目前政府要求房地产开发商在市场商品房开发过程中提供部分安居房，实际上是房地产开发商帮助政府代建，代建费用或由政府以减少地价，或提高土地容积率，或调整改变土地功能等方式进行补偿，本质上不是房地产开发企业为社会提供的安居型商品房，而是在获得一定补偿的前提下，为政府代建的保障房。在这个问题上，不仅政府与企业的关系在性质上是模

糊的，而且在具体代建费用和对各种形式的补偿方式的计算上也是不清晰的，有可能造成政府与房地产开发有关的资源的流失和损失。

（2）关于“以住房租赁经营机构为主，提供各类长租公寓”。

“住房租赁经营机构”作为多主体供给之一是极不准确的模糊概念。首先是“长租公寓”的性质不明确，如果“长租公寓”是为中高收入群体提供的租赁商品房的性质，供需双方完全是市场行为，由公寓出租方与需求方按市场规则进行交易；包括住房租赁机构在内的各种房地产出租中介组织，只是为供需双方提供服务的专业服务公司或机构，并非“长租公寓”的供应者，这些机构收取的只是服务费，并非租金，即使这些机构提供了一些维护、装修等增值服务，也并未改变其中介服务的性质，它们并非“长租公寓”的提供者。如果“长租公寓”是政府提供的保障性住房，房屋的提供者应该是政府租房保障部门，住房租赁经营机构只是受政府有关部门委托，负责管理“长租公寓”的服务机构。

（3）关于“以人才住房专营机构为主，建设筹集人才住房、安居型商品房和公共租赁住房”。

委托人才住房专营机构来建设筹集各类保障性住房有可能带来政企关系的混乱。2016年以来，深圳市成立专门建设保障房的国有企业，即深圳市人才安居集团。成立人才安居集团的出发点是为了加快人才保障性住房的建设，但是由于企业与政府的边界和界限未能明确理清，未来也会造成相当多的混乱和遗留问题。比如作为国有企业的人才安居集团是以营利为目标的市场竞争的主体，还是非营利性质的人才保障建设和管理的服务机构呢？如果是以营利为目标的房地产开发企业，它的土地资源或者从土地拍卖市场上竞争而得，或者按市场价格从市政府手中协议转让，不能以现在的所谓“行政划拨”或以远远低于市场价格的“协议出让”方式获得；在这种情况下，人才安居集团提供的各类房屋应该是以市场商品房的价格出售或出租，而不可能按政府规定以“同地段市场商品住房的租金、售价的60%左右”出租或出售。如果人才安居集团是一个主要以政府划拨土地资源，并按照政府保障性住房的价格出售或出租的组织机构，它就不应该是个以营利为目标的国有企业，应该是一个负责保障性住房建设管理服务的非营利机构。因此，未来对人才安居集团或类似这样的企业，必须重新界定和理清与政府的关系。界定人才安居集团与政府的关系，有两种方式可以选择：

第一种是将人才安居集团作为一个独立经营自负盈亏的企业，它与政府负责保障性住房的有关部门是代建代管的关系。政府将土地资源划拨给企业，按政府保障性住房的规划、计划、标准进行建设，住房建成后纳入政府保障性住房体系，按照保障性住房的分配标准和价格进行分配，政府按照合理的利润水平支付人才安居集团“代建费”和“代管费”。按这种方式对人才安居集团的性质进行调整后，人才安居集团与其他房地产开发企业处于平等竞争地位，政府有关保障性住房建设管理部门除了委托人才安居集团进行代建代管外，也可以引进市场竞争机制，委托其他房地产企业代建代管。

第二种方式是借鉴香港房委会的经验和做法，将人才安居集团改造调整为非营利性的法定机构。在市政府住房保障部门领导下，作为专门从事保障性住房建设和管理的政府附属机构，按照市政府保障性住房的规划和建设计划，合理安排由市政府提供的土地资源，多种方式筹措建设资金，建成后按政府的定价出售出租各类保障性住房。在整个保障性住房建设过程中，实施分期建设、滚动发展的模式。

这两种方式各有利弊，从长远来看，从有利于政府转变职能、提高效率、节省建设和管理成本出发，采取第一种方式比较适宜，引进市场竞争机制，选择更多有优势的房地产开发企业参与政府保障性住房的代建代管，进而加快保障房建设，节约政府建设资金。

（4）关于“支持各类金融机构，采取直接投资、融资等方式，建设筹集人才住房、安居型商品房和公共租赁住房”。

政府保障性住房建设过程中，由于建设资金需求量大，为了加快保障性住房的建设，减少财政资金压力，防范债务风险，采取银行贷款、发行债券等不同形式的金融融资方式是非常有必要的。但是允许金融机构直接投资各类保障房的建设是个不恰当的政策。这是因为金融机构的直接投资与保障性住房建设的性质是矛盾的，金融机构一旦直接投资，既要成为保障性住房建设的股东和房屋业主之一，又要追求与市场投资盈利水平相适应的投资回报。而对政府来讲，建设保障性住房，是为中低收入群体提供基本的住房需求，这是政府主要的基本公共服务职能，它不是一个商业行为，因此不应该让市场化的金融机构来承担政府的公共服务职能，金融机构不应该成为保障性住房建设的股东之一和保障性住房的业主之一。更为重要的是，保障性住房是为中低收入群体提供的福利，是非营利性质的，保障房出售、出租的价格是根据保障对象可承受能力确定的，不应该达到市场商品房的出售出租价格。有些保障性住房的价格，不仅不能达到市场商品房的平均利润，还有可能发生亏损或需要补贴，这与作为投资者的金融机构的营利性和投资回报目标要求是相悖的，因此是不可能持续的。因此，保障性住房的建设和管理不能采取各类金融机构直接投资的方式。

（5）关于“支持社会组织等各类主体，建设筹集具有公益性质的各类住房”。

这一条保障性住房建设的政策和供应主体也应该调整或取消。这是因为，从社会组织建设的公益性质的各类保障性住房的供应对象来看，都应该是中低收入或更加困难的享受城市低保人群或残疾人群等特殊群体，这些特殊群体本来就应该在保障性住房体系的保障范围之内，甚至是优先特殊保障的对象，由政府各类保障性住房来供给。从社会组织作为保障性、公益性住房建设主体来讲，社会组织与政府之间一系列关系和政策需要界定和厘清。比如，在社会组织公益性质的各类住房的土地资源的获得方式上，是政府无偿划拨，还是有偿转让？如果采取有偿转让的方式，是与政府协议转让还是通过市场竞争取得？这些都是不清晰的。又如，各类公益性保障住房建成后的供给对象如何确定？是政府按照全市的统一标准来统一分配，还是由社会组织自己决定对特定供给对象进行直接分配？如果由社会组织直接分配，在公益性保障性住房的分配中，如何体现公平合理的原则？再如，社会组织建设的公益性保障性住房的产权归属如何确定？是由政府所有，纳入保障性住房的统一管理之中，还是由社会组织所有？如果由社会组织所有，是否符合公平合理的原则？此外，这些公益性保障性住房未来可否转让或进入市场流通？这一系列问题需要研究和界定，仓促出台一项保障性住房建设的政策会带来无数的历史遗留问题。

从发挥社会组织对公益性保障性住房建设和供给的积极性来看，可以考虑支持社会组织采用两种方式发挥对中低收入或特殊弱势群体的住房保障的积极作用：一是由社会组织从商品房市场上直接购入或租用各种住房，然后以公益慈善的方式定向捐赠或捐租给特殊困难群体。二是鼓励社会组织的资金以公益慈善方式，直接捐赠和资助特殊群体用于租房或购房的专项用途，以帮助解决特殊困难群体的住房困难。这两种方式能够充分发挥社会组织的积极作用，使之成为政府为中低收入群体提供保障性住房的一支补充力量。

10. 重新审视住房公积金制度的存续，制定更有效的住房金融政策

深圳住房制度改革，建立比较完善的保障性住房体系，既需要从供给侧加大政府的投入，并采取多种措施加快建设多种类型的保障房，满足各类保障对象的基本住房需求；也需要从需求和消费侧，提升保障对象的消费能力。其中，住房公积金制度就是需求侧完善住房保障制度的一种方式。

几十年来，深圳住房公积金制度几经波折，也曾有过存续废立的讨论和抉择。1992 年深圳出台和建立的住房公积金制度，由于在制度设计上存在着一些根本性缺陷，住房公积金制度并没有真正建立起来，更没有发挥应有的作用。2006 年前后，在金融机构对个人购房贷款政策机制逐步完善的背景下，针对住房公积金存在的问题，深圳市政府有关部门对住房公积金制度进行过“废立”的讨论和选择。最后出于多种原因，尤其是出于对减轻职工纳税负担、增加职工福利补贴的角度（对党政机关、事业单位干部职工的收入增加尤为明显），选择了保留并进一步完善住房公积金制度的道路。因此，从 2010 年 12 月深圳市政府正式出台《深圳市住房公积金管理暂行办法》到 2018 年底，深圳市累计开立单位账户 25.97 万户，开立个

人账户达 1350.92 万户，位居全国第三位，累计归集资金达 3112.23 亿元，提取笔数 3315.39 万笔，提取总额达 1513.57 亿元。应该说，在深圳房价不断攀升的情况下，住房公积金制度的延续和完善，对于解决部分市民购买商品房起了一定的资助作用。（图 4-3~ 图 4-6）

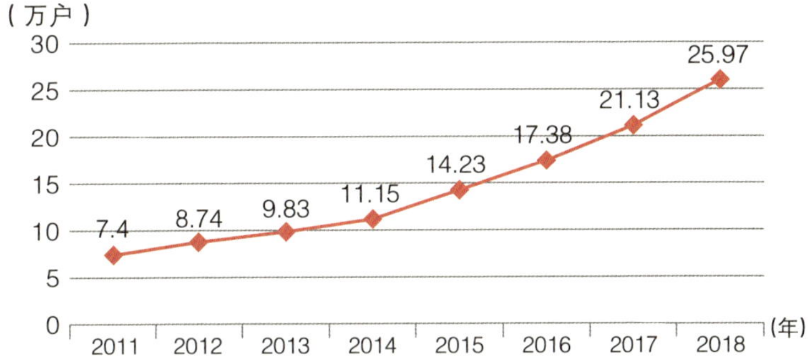

图 4-3　2011—2018 年深圳市住房公积金累计单位开户

数据来源：深圳市住房公积金管理中心

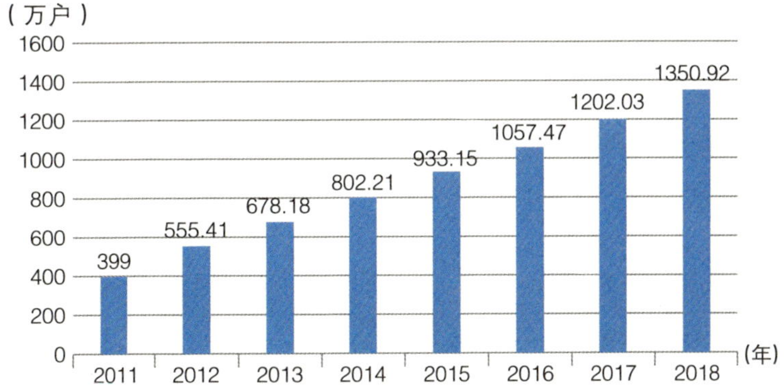

图 4-4　2011—2018 年深圳市住房公积金累计个人开户

数据来源：深圳市住房公积金管理中心

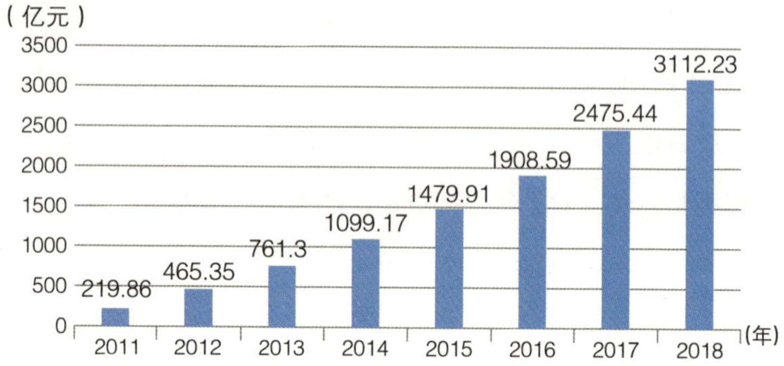

图 4-5　2011—2018 年深圳市住房公积金累计归集资金

数据来源：深圳市住房公积金管理中心

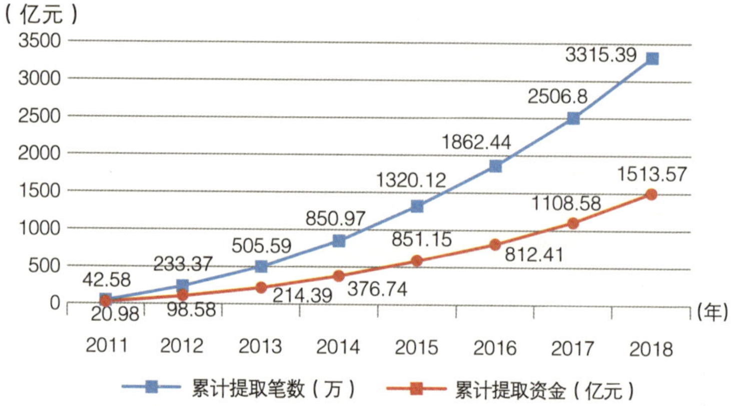

图 4-6　2011—2018 年深圳市住房公积金提取笔数和提取资金

数据来源：深圳市住房公积金管理中心

但是，随着 2015 年深圳房价又一次翻番，以及新的公积金制度运作实践中暴露出来的问题，深圳住房公积金制度再次引起“废立”的思考。当前深圳公积金运作中存在的主要问题有：

一是住房公积金对市民购买市场商品房的促进作用已经十分有限。据有关方面测算，以 2016 年上半年一手房交易均价计算，购买一套 60 平方米的商品房，以首付 30%、商业贷款三十年等额本息计算，其月供将高达 11368 元；而以住房公积金贷款上限 90 万元计算，相对于商业贷款而言，公积金贷款最多可减少月供 860 元，与每月上万元的月供相比，每月减少几百元的贷款，减轻房价负担的效果有限。

二是对参加公积金的大多数个人来讲，经济利益受到了实际损失。在实践中，使用公积金贷款的人是极少数，公积金贷款提取的数额仅占归集资金的 1/3 左右，绝大多数个人只是存缴，并没有使用，造成绝大多数归集的资金沉淀在公积金管理中心。而由于公积金管理中心的投资渠道和理财能力有限，深圳市政府尽管采取了利息补贴机制，但仍然无法避免出现个人住房公积金大幅度贬值问题，因此，使绝大多数公积金个人账户的实际利益受到了损失。

三是住房公积金制度的实际受惠者是少数有能力购买市场商品房的收入比较高的群体，受损的是绝大多数无力购买商品房的中低收入群体，这样的制度设计与社会公平合理的原则是相悖的。

四是加重了企业和单位的负担。这些年来，各类企业尤其是用工比较多的实体经济，经营成本提高，经营困难加大，其重要原因是包括住房公积金在内的社会保障缴费比例高，对此，企业尤其是从事实体经济、用工比较多的民营企业反映强烈。

从上述的问题来看，住房公积金制度的性质已经发生很大变化，作为购房“互助”的作用和功能在萎缩，作为专项储蓄制度使绝大多数职工受到了利益损失，使党政机关、事业单位和国有企业合理避税、增加员工福利补贴成为目前支撑住房公积金存在和发展的重要因素。

深圳住房公积金是一项涉及几百万员工切身利益和上千亿资金安全的重要制度，对其轻易地废除恐怕是不可取的。从制度上进行根本改进，使之与建立住房公积金的初衷和基本原则相适应，应该是可取的态度。在住房制度改革比较完善的大框架下，住房公积金制度主要是解决中低收入群体租用和购买保障性住房的一种方式，而不是主要解决中高收入群体购买市场商品房的资金短缺，减轻他们的购房负担的方式。因此未来深圳住房公积金制度的根本改革，可以考虑从两个基本方向推进:一是将具有购买市场商品房能力的高收入或中高收入群体，不列入住房公积金覆盖范围和资金归集范围，使这部分群体主要依靠商业性的住房金融机构，用市场的方法解决购买商品房的资金渠道。二是将现有住房公积金运营中心改造转型为专门为中低收入群体购买保障性住房服务的政策性金融机构，按照政府支持、市场化运作的方式，探索创新住宅政策性金融机构的运行机制。使住房公积金既在解决中低收入群体购买保障性住房的资金短缺上发挥更积极的作用，又可避免住房公积金贬值使参加公积金的群体的利益受损，也可避免取消公积金制度后对单位和企业员工福利的补贴水平的降低，不损害绝大多数参加住房公积金的职工的实际利益。当然，住房公积金制度的改革、政策的调整，以及公积金运营中心的转型，都涉及几百万员工的切身利益，涉及未来深圳住房制度改革的整体设计，还需要进一步论证，并做好新旧体制机制转换过程中的平稳有序衔接。

五 深圳房地产市场面临的风险和调控目标

根据现代住房制度的基本要求和深圳的实际情况，未来深圳房地产市场应该逐步形成由两类市场所构成的基本格局：一个是面向中低收入或中等收入群体、以保障性住房为对象的封闭运营的内部交易市场；一个是面向高收入或中高收入群体、以商品房为对象的、按商品市场规律运行的公开的交易市场。两类市场面向不同的收入群体，按照不同的机制运作而相互独立，共同构成统一完善的深圳现代房地产市场体系。

从深圳住房制度改革历史上看，在2003年以前，两类市场相互独立运行，形成了比较完善的深圳房地产市场体系和现代住房制度，为国家的住房制度改革探索了很多宝贵的经验。2003年以后，随着保障性住房内部市场功能的逐步弱化，对深圳商品房市场带来巨大的冲击和影响，加上其他方面的原因，造成2005年以来深圳商品房市场的严重扭曲，对深圳经济社会的健康发展带来了严重影响。因此，在未来深圳现代住房制度创新过程中，既要深化保障性住房市场的改革，形成内部比较完善的保障性住房的运行机制，履行好政府公共服务职能；又要认真归纳和总结过去十多年深圳商品房市场发展和政府调控的经验教训，完善政府调控的方式和手段，逐步调整商品房市场的结构失衡状况，促进商品房市场和整个深圳经济社会的平稳健康发展。

深圳商品房市场发展已经近四十年了，纵观近四十年的深圳商品房市场，既有20世纪80、90年代的成功经验，为深圳特区的建设和发展作出了重要贡献；也有2004年以来商品房市场运行和发展的深刻教训，造成市场价格扭曲、政府调控失当，给深圳经济发展、人民生活带来了严重的影响，埋下了经济泡沫的风险。

（一）深圳商品房市场发展大体上分为四个基本阶段

1. 20世纪80年代初到1992年邓小平南方视察为第一阶段

在20世纪80年代深圳特区成立之初，深圳的“开荒牛”们就发扬敢闯敢试、敢为天下先的精神，借鉴香港房地产发展的模式，引进香港房地产开发商，1981年兴建了全国第一个市场商品房小区——深圳东湖丽苑。通过商品房小区的开发，逐步引进了香港的土地使用权有偿拍卖转让制度、商品房预售制度、银行金融贷款和首付抵押贷款制度等一系列适应市场经济发展的法律法规和房地产政策，初步形成了深圳房地产市场。在整个80年代，随着若干商品房小区的陆续开发，不仅商品房市场平稳有序健康发展，满足了港商及少数富裕群体对商品房的需求，并且价格平稳合理。由于在1998年前政府并没有完整的市场商品房价格统计，根据部分典型商品房小区的销售记录来看，1992年以前深圳市场商品房的价格一般在每平方米5000元以下，其中1981年兴建的罗湖区东湖丽苑，每平方米价格2730港币，按当时官方汇率折合人民币1000元；1982年兴建的罗湖区东晓花园，每平方米价格为人民币1600元；1990年罗湖区海富花园每平方米为4510元人民币。

2. 从20世纪90年代初到1997年亚洲金融危机大体上为第二阶段

随着20世纪80年代深圳市第一次出台了系统的住房制度改革方案，即“双轨三类多价”方案，深圳市保障性住房内部市场初步形成，进一步促进了商品房市场的发展和繁荣，同时，20世纪90年代深圳城市基础设施建设逐步完善，现代化城市的框架基本形成，经济社会等各项事业飞速发展，商品房市场进一步完善，商品房小区建设的标准和配套日趋完善。在此期间，深圳商品房价格从每平方米人民币5000元左右逐步提升到每平方米6500元至7000元之间。应该说从20世纪90年代初到1997年亚洲金融危机，深圳商品房市场发展虽然比较快，房价也有一定的上升，但总体上与当时的深圳经济发展、城市建设和市民生活水平大体相适应。随着深圳房地产市场的逐步完善和发展，除了香港资本在深圳商品房市场继续发展外，一批本地企业，包括国有企业和民营企业也都陆续进入商品房市场，初步形成了多种所有制不同投资主体的公平竞争的市场环境。

3. 1997 年至 2004 年为深圳房地产市场发展的第三阶段

随着 1997 年亚洲金融危机的爆发，香港房地产市场受到重创，房地产市场价格暴跌，受香港楼市暴跌的影响，深圳商品房市场也进入调整时期，房价从每平方米 6500~7000 元下调到每平方米 5000 元左右，一批中小房地产开发企业退出市场。根据 1998 年后政府有关部门对房地产市场价格的比较准确的统计，1998 年深圳商品房价格为每平方米 5191 元，1999 年为每平方米 5004 元，一直到 2004 年，深圳的房价达到每平方米 6419 元，大体恢复到 1997 年亚洲金融危机之前。在此期间，一方面保障性住房市场的容量不断扩张，政府保障性住房的建设规模不断加大，进度不断加快；另一方面商品房市场价格平稳有序。

从 1990 年到 2004 年这十多年期间，深圳经济高速发展，城市建设规模迅速扩大，深圳分享了小平同志南方视察后市场经济改革和深圳 20 世纪 80 年代住房制度改革的制度红利，保障性住房内部市场和商品房市场两类市场规范有序,健康发展，探索并积累了丰富的经验。应该说，2004 年以前，深圳住房制度改革的方向符合现代住房制度的发展方向，比较好地处理了房地产的保障功能和经济功能。通过两类市场的发展，既解决了中低收入家庭住房的基本保障问题，又满足了部分高收入家庭高端多元化的需求，并通过房地产产业的发展，促进和带动了经济的快速增长，逐步成为国民经济发展的重要方面。

4. 2003 年开始到 2016 年为深圳房地产市场发展的第四阶段。

由于多种原因，2003 年以后深圳住房制度的改革和房地产业的发展逐渐偏离了现代住房制度发展的方向，一方面政府基本上停止了为大多数中低收入群体提供的福利房、微利房等多种形式的保障性住房建设和分配；并通过允许保障性住房获得全部产权进入商品房市场，打通了保障性住房的内部市场通向商品房市场的出口和通道，使保障性住房的内部市场的功能弱化甚至丧失。另一方面，过分强调住房的经济功能，把发展房地产看作主导产业，全力推动其发展，通过房地产的发展，带动社会投资的增长，进而带动整个 GDP 的发展。虽然这十多年房地产的发展对深圳的经济发展和城市建设起了重要的作用，但同时也带来了深圳房价的暴涨，使 2005 至 2016 年深圳房价从每平方米 5000 多元上涨到每平方米 5 万元以上，形成深圳房价十年上涨十倍的畸形发展。在此期间，深圳商品房市场发展中出现了重要失误，有着一些深刻的教训，这些失误和教训主要包括三个方面：

一是畸高的房价造成了市场价格扭曲。主要是指房价的涨幅和绝对水平远远超过了真实的市场需求，使房价既不反映房地产市场内在的市场规律，又不反映买房者的实际购买能力和水平。

二是政府错失对房地产调控的最佳时机。主要是指政府从 2006 年开始房地产市场调控，结果调控了十年，价格却涨了十倍。

三是政府对房地产调控的失责。主要表现在政府在 2015 年至 2016 年深圳商品房市场价格非正常迅速暴涨达一倍的特殊时期，市政府及有关部门未及时采取措施调控房价，直到 2016 年 10 月在国家出台新一轮调控措施下，才出台有关调控政策，遏制了房价快速上涨的趋势。从 2005 年起至 2016 年期间深圳房地产市场发展的价格扭曲、调控失效，不仅中断了房地产市场健康有序发展的趋势，而且给深圳整个经济、社会的发展以及人民生活水平带来长远深刻的影响。

（二）深圳房地产市场存在的风险

未来相当长一段时期，是深圳现代住房制度和两类房地产市场发展和完善的主要时期。在此期间，一方面保障性住房的内部市场正在形成中，还很不完善；另一方面商品房市场经过十多年的持续快速发展和价格的飞速上涨，也处于一个关键的市场调整和风险控制的窗口期。未来深圳房地产市场体系中，如何使商品房市场的风险得到有效控制，逐步回归到理性的规范有序平稳健康发展的商品房市场；如何使保障性住房的内部市场形成封闭运行、规范操作的保障性住房市场，并逐步建立和完善包括两类市场在内的深圳现代住房制度，是深圳经济社会发展面临的严峻挑战，也是对未来市政府执政能力、水平、智慧的严峻考验。

从目前的情况分析，相对来说，封闭运行、规范操作的保障性住房市场的完善，虽然仍然需要做大量的工作，但只要住房制度改革的方向不再发生严重偏差，对深圳市经济社会发展不会带来严重的风险，随着保障性住房按计划逐步建设和分配机制、内部交易规则、管理制度的不断完善，到 2035 年深圳保障性住房市场将更加成熟。但是，未来商品房市场消除泡沫、回归理性、化解风险，逐步形成完善成熟的深圳商品房市场经济体系，则是事关未来深圳市经济发展社会稳定的最严峻的挑战，处理不好可能会形成深圳经济社会中巨大的危机，甚至会中断深圳继续迈向现代化大城市的进程。

对当前深圳商品房市场存在的问题，虽然政府和社会都有一定的共识，但对问题的严重性以及对未来深圳经济社会发展危害的认识并不完全一致。从日本经济泡沫和香港 1997 年金融危机的历史来看，深圳商品房市场现在和未来面临着两个方面风险：

1. 商品房价格泡沫风险

深圳房价高是各方共识，但是否有泡沫和系统性风险，或者泡沫有多严重，还存在不同的看法。目前深圳房价实际上存在严重的泡沫，可以从四个方面来观察和评价，即价格上涨的速度、居民的生活水平和承受能力、深圳经济发展阶段以及对经济社会的影响。

从房价上涨的速度来看，2005 年至 2015 年房价从每平方米不到 6000 元快速上涨到 5 万元以上，增长近 10 倍，其中 2015 年至 2016 年一年价格上涨一倍。在房地产市场成熟的全球经济发达国家和地区，房价的增长速度与经济增长速度大体上是同步的，深圳 2005 年至 2015 年经济增长速度为 3.55 倍，人均可支配收入增长 2.08 倍，社会平均工资增长 2.5 倍，而房价增长近 10 倍。

从深圳居民购房能力、承受能力来看，按照世界发达国家和发展中国家房价收入比(即住房价格与城市家庭年收入比) 来看，通常为 6 倍左右，最高不超过 10 倍，而根据国际货币基金组织报告数据，2016 年上半年深圳以 38.36 倍的房价收入比位列全球大城市第一。深圳房价的难以承担程度已经超过了香港和北京，成为全球最难买得起楼的城市。

从经济发展水平和发展阶段来看，深圳市经济发展和人均 GDP 均已达到发达经济体水平，从人均 GDP 来看，2015 年韩国为 2.72 万美元，中国台湾为 2.25 万美元，中国深圳为 2.54

万美元。而 2016 年 6 月，深圳一手房住宅每平方米均价 6.18 万元，而同期韩国首尔为每平方米 3.04 万元人民币，台北每平方米为 3.78 万元人民币，深圳的房价为首尔的 2 倍，比台北高 63%。（表 5–1）

表 5–1　中国深圳、韩国和中国台湾人均 GDP 和新房价格对比

国家和地区	中国深圳	韩国	中国台湾
2015 年人均 GDP（万美元）	2.54	2.72	2.25
2016 年新房每平方米平均价格（万元）	6.18	3.04（首尔）	3.78（台北）

数据来源：中国深圳统计局、韩国国家统计局、中国台湾统计部门

从深圳房价对深圳经济社会发展的影响来看，高房价使中高收入的工薪阶层都已经买不起市场商品房，使青年人失去了希望；高房价使深圳实体经济已经受到了沉重打击，不少已经搬迁出深圳；高房价造成深圳市民的负债率和杠杆率大幅度攀升，在全国数一数二，深圳银行系统 60%~70% 的贷款余额被房地产所占有，一旦高房价大幅下降，将给金融体系带来巨大的系统性的风险。（表 5–2、图 5–1）

从以上四个方面的分析来看，房地产价格的泡沫也是显而易见的。

表 5-2　中国部分城市住户（楼市）杆杠率排行

城市	住户存款（万元）	住房贷款（万元）	2018 年杠杆率	2017 年杆杠率
厦门	2492	4428	178%	167%
深圳	11474	19093	167%	158%
合肥	3849	4978	129%	126%
杭州	9899	12600	127%	102%
南京	6899	8500	123%	123%
苏州	8812	9475	108%	101%
宁波	6542	5962	91%	80%
上海	27590	21600	78%	——
北京	31000	18000	58%	54%

数据来源：网易号——南京地产界

注：厦门 2018 年杠杆率为 2018 年 6 月数据，2017 年为 2017 年 6 月数据。深圳、杭州、南京、合肥分别为 2018 年 8 月和 2017 年 8 月数据。北京、上海分别为 2018 年 9 月、2017 年 9 月的数据。

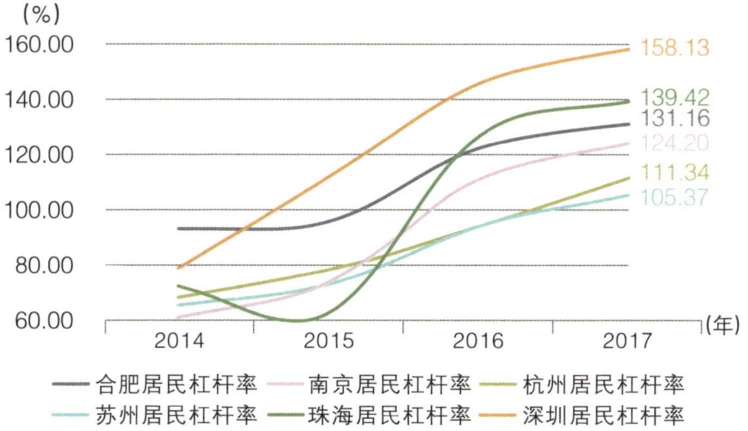

图 5-1　高居民杆杠率城市的形成过程

数据来源：中国指数研究院

2. 高房价给深圳经济社会带来系统性风险

从国外发达国家和地区的实践来看，高房价形成的泡沫经济是不可持续的。从2018年下半年开始，随着深圳乃至全国经济增长放缓，房地产市场低迷以及保障性住房加快建设，未来除非政府实行更严格的价格管制或冻结房价，否则深圳高房价势必进入调整下降的通道。假如房地产价格回归理性，使之与深圳经济发展阶段和市民承受能力相适应，深圳房价应该回归到三年前即2015年6月每平方米3万元的水平。深圳的经济社会可能会有五个方面的风险：第一，2016年后这几年买商品房的群体，一大批中产阶级的房子将成为负资产，给深圳社会稳定带来严重影响。香港1997年金融危机时，房价暴跌造成大量负资产中产阶级，给社会稳定带来危险，迫使香港特区政府放弃保障房建设的“八万五”计划。第二，房价下跌会引起银行坏账和不良资产大量出现，可能引起系统性风险。目前深圳银行贷款总额中50%左右与房地产有关，有些中小银行甚至70%~80%的贷款余额是为购买商品房的个人或房地产企业提供的贷款；如果商品房价格急剧下降，除了大银行呆账、坏账大幅度增长外，中小银行也可能因此关闭破产。第三，城市建设、城市改造会遗留一批“烂尾楼盘”“烂尾小区”。目前深圳已经批准或正在建设一大批房地产开发项目、城市更新项目以及城中村旧村改造项目，一旦房价下跌幅度较大，开发商出于投资回报和市场销售的考虑，这种大型的建设项目必定受到影响。类似 1998 年前后亚洲金融危机后房地产的形势一样，出现一批长期停止建设的“烂尾小区”“烂尾项目”，对城市的建设带来严重影响。第四，高房价给深圳经济发展带来严重影响。随着房地产商品房价格的较快下跌，政府的投资规模、卖地收入、财政税收、GDP 增长也会经历较大幅度的下降，深圳经济健康持续发展将受到严重影响。第五，高房价给政府调控房价带来严重的挑战。当前，为了防止商品房价格上涨，政府有关部门采取了价格管制的方式，用行政手段强压商品房价格上涨的势头。从 2018 年 10 月份，深圳商品房价格实际上已经进入了下降调整通道，一旦房地产市场价格迅速下降，并且下跌速度和深度严重影响到深圳经济社会发展时，政府对商品房价格的调控就成为一个严峻的挑战：是遵循市场需求和供给关系的规律，任其合理回归，还是采取超常的行政手段，用计划价格或者是中断市场交易的极端方式来防止房地产市场的下跌？这都是政府面临的严峻挑战和重大风险。

（三）深圳房价未来的走势

2018 年以来尤其是从 2018 年下半年开始，受多种因素的影响，深圳和全国一样，遇到 1998 年亚洲金融危机以来最困难的时期。企业市场环境恶化，经济困难加剧，一批中小企业已经关闭，股票市场重新跌到 21 世纪以来低位，大部分上市公司股份价格腰斩，中产阶层多年的积蓄被股市吞没，居民的收入水平、消费水平大幅下降，经济增长速度创造了几十年的历史新低。

经济的衰退必然对包括房地产市场在内的各种市场产生重要影响。与深圳市经济发展轨迹大体适应，从 2018 年下半年起，房地产市场尤其是房价发生具有历史意义的变化：2018 年上半年前出现的由于政府对新房价格管控而产生的一手房与二手房价格倒挂的现象陡然消失；房地产成交量大幅度下降，二手房市场成交量急剧萎缩，成交价格实际上在较大幅度下降；新推出的商品房出现严重滞销现象，即使是中心城区，新房销售比例往往不足 1/3，写字楼空置现象严重，租金也在下调。整个深圳商品房市场处于急剧变化和动荡之中。各种迹象表明房价已经出现了从上升到下降的历史拐点，引起全社会的关注。因此，未来几年乃至更长时期，深圳的房价走势可能出现三种趋势，并相应地给深圳经济社会的发展带来三种影响：

第一种可能是政府继续使用行政手段，以行政备案和审批的方式对房价进行严格的管控，使深圳房价长期背离市场规律，背离供求关系，既严格控制房价上涨，更严格控制房价下降，使深圳房价长期处于基本高位固化的状态。

应该说，从 2016 年 10 月起，近两年深圳市政府采取的对房地产开发商新房销售时间和价格实行管控和审批方式，也是政府当前对经济管理和治理能力低下，应对国家对地方政府房价调控行政目标的被迫无奈之举，客观上也起到了控制房价继续上涨的效果。如前所述，2015 年国家大力推进供给侧结构性改革，要求各地房地产去库存，为此深圳改变了对购房进行严格限制的调控政策，使得由于从 2010 年至 2015 年持续通过对购房准入条件的限制以及首付比例、房贷利息的提高而受到压抑的商品房购买力到 2015 年下半年得到大释放；同时，国家宏观货币政策比较宽松，大批资金脱实向虚，通过各种渠道涌入房地产市场，因此造成 2015 年下半年深圳市商品房价格发生井喷，使得 2015 年底深圳房价上涨了 60%，到 2016 年 6 月，房价比上年同期上涨一倍。此时，控制房价成为深圳市政府调控经济的当务之急和紧迫任务。为达到国家有关部门对控制房价上涨的要求，在经济手段难以实现调控目标的情况下，深圳市政府不得已采取了对房地产企业通过商品房出售的时间、价格审批方式进行价格控制，表面上达到或完成国家对房价调控指标的要求，客观上也起到了中止房价继续较大幅度上涨的作用。

但是，随着房地产市场出现供需关系的重大调整，对房价下降采取什么样的政策，深圳市政府既无思想准备，也无调控的实践经验，更没有特别有效的经济手段。这是因为，在深圳房地产调控历史上，政府从来没有过阻止房价下降的调控经验。2008 年深圳房地产价格出现短暂下降后的迅速回升，与其说是深圳市政府调控的结果，不如说是国家迅速出台 4 万亿元投资的宏观调控的结果。因此，在未来经济环境继续恶化，社会消费需求不足，商品房市场供求关系发生变化，要保持房地产市场价格不下降，对深圳市政府来说也是严峻的挑战。尤其是在深圳二手房交易占整个商品房市场比例比较大的情况下，政府面对分散的购买者和出售者的一对一交换，无法采取类似对房地产企业新房出售的价格管控方法。（图 5–2）

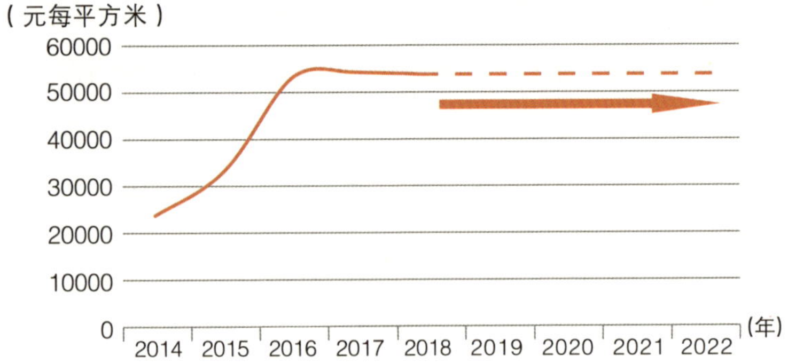

图 5–2 深圳房价未来保持高位固化趋势图

面对房价大幅度下降的趋势，要阻止房价下降，除了国家宏观层面放松银根，降低房贷利息，放宽房地产企业融资限制，以及地方政府放宽购房准入条件和门槛外，深圳市政府唯一可以采取的有效措施也许仍然是用行政手段，对新建设的商品房价格进行审批和管控，但管控的方向则发生大逆转，即从过去不允许开发商出售的商品房涨价，形成市场上新房和二手房价格严重倒挂的价格扭曲现象，转向用行政审批、命令不允许房地产开发商新的商品房降价，在表面上形成市场一手商品房价格不降的格局，并直接或间接影响和控制二手房交易价格的大幅度下降。

假如深圳市未来用行政手段甚至用价格管控的方式控制房地产价格的下降，对深圳社会经济发展将是把“双刃剑”。从近期来看，控制房价的下降，可能有利于避免房价大幅度下降引起的银行金融风险的爆发，有利于经济的增长和政府财政收入的稳定，也有利于避免过去几年已购房的中产阶层群体成为负资产，等等。但从长远来看，用价格管制的方式避免已经形成的商品房泡沫的萎缩和破裂，房地产泡沫仍然延续下去，由此引起的金融风险仍然存在，绝大多数中等收入乃至中上收入群体买不起房的尖锐的社会矛盾将长期延续下去，过高房价对深圳经济社会等各方面的长远而深刻的负面影响长期存在。因此，这种用价格管制的方式阻碍房价理性回归只是维持了短期的表面上的稳定，实质上进一步加深了深圳房价畸高引起的各种矛盾，起到的作用只是掩盖了房地产泡沫的真实现象。从一定程度上，这种方式可以说是饮鸩止渴，一旦未来对畸高房价泡沫无法掩盖和控制，对深圳未来经济社会带来的影响会更大。

第二种可能是畸高房价短期内快速回归市场，房地产泡沫破裂，对深圳近期经济发展造成毁灭性打击。

从目前政府和社会各界对房价的认识来看，房价过高并形成一定程度上的泡沫，基本上已经形成共识。但是，深圳房价回归到多少才算是合理价格，深圳房地产价格下降多少才能使泡沫消失，在未来很难形成共识。从国外的房地产发展的实践来看，房地产回归理性和泡沫消失的程度的情况也不一样。日本 20 世纪 90 年代初经济泡沫破裂后，全国房地产价格下降 50%，其中东京房地产价格跌得更多；香港 1997 年亚洲金融危机期间，香港的房价也一度下降 50% 以上；而美国 2008 年次贷危机爆发后，美国房地产价格下降 15% 左右。从深圳的经济社会发展水平和中等以上收入群体的可承受能力来看，深圳的市场商品房价格回归至 2015 年的平均水平可能比较合理。即深圳房价从 2017 年每平方米 54445 元下降回归到 2015 年每平方米 33406 元，下降幅度为 40% 左右，每平方米价格下降 2 万元左右，应该是属于合理回归。（图 5–3、图 5–4）

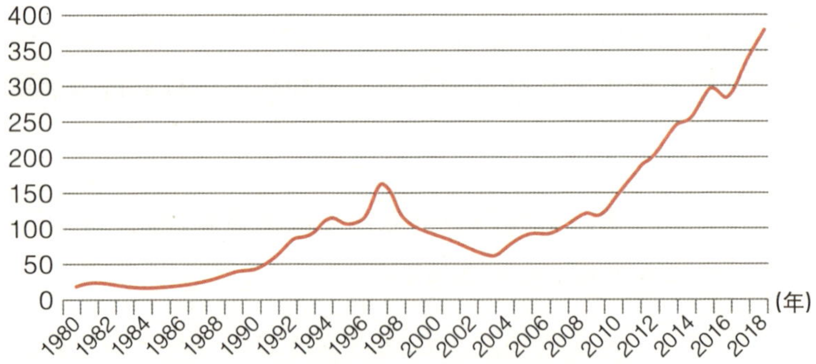

图 5–3　1980—2018 年香港私人住宅售价指数情况（1999=100）

数据来源：香港差饷物业估价署

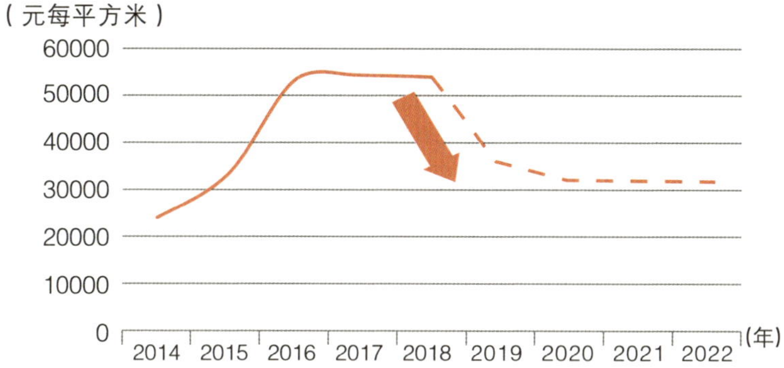

图 5-4　深圳房价未来快速回归走势图

深圳房价迅速回归合理，房产泡沫快速破灭的可能性是存在的。从经济发展来看，2018 年以来深圳的民营企业、外贸、制造业和现代物流业等都发生了严重的衰退或危机，究其原因既有外部的、宏观经济的原因，也有深圳房价畸高的原因。经济的持续衰退，必将引起房价深度调整。从市民收入水平来看，2018 年以来中小型民营企业大量停业关闭，相当多的企业裁员或减少招工，劳动力市场供大于求，使股市跌到近几年新低，不少 P2P 企业跑路关闭，中等收入以上的群体近几年投资到股市和各种理财产品的资金损失惨重，相当多股民损失达 70% 以上。2018 年下半年以来，由于居民收入降低导致社会消费水平不断下降，其中汽车销售更是较大幅度下降，高档消费品尤其是奢侈品市场惨淡，市民收入水平的全面大幅度下降必将大大降低商品房市场的购买能力，促使市场商品房价格大幅下降。从商品房市场变化的趋势来看，从 2018 年下半年开始，深圳市商品房市场供求关系和价格发生了逆转：在供求关系方面，2018 年下半年新建商品房的销售疲弱，即便是南山、福田中心区的新房，在政府审批价格的情况下，滞销状况严重，二手房出现了有价无市的状况，成交量大幅度下降；在商品房价格方面，上半年新房与二手房价格严重倒挂的现象基本消除，新房和二手房的价格实际上都已经有不同程度的下降调整。从上述情况分析，深圳房价近期大幅度下调，深圳房产泡沫破裂的可能性是存在的。（表 5–3、表 5–4）

与日本房地产泡沫破裂后出现的局面相比，深圳房地产市场泡沫迅速破裂后，对经济社会和人民生活的影响可能更为严重。从深圳的情况来看，深圳人均 GDP 虽然也达到 2 万美元以上，但由于分配不平衡，加上物价高企，深圳目前的经济发展水平、人民生活水平和社会保障水平等还远达不到日本 20 世纪 90 年代初泡沫经济发生前的水平。因此，一旦深圳房价迅速大幅度下降，房地产“灰犀牛”真正来临，对深圳经济社会和人民生活水平的影响恐怕是相当巨大的。从经济方面来看，经济增长速度将会有较大幅度的下降，政府的财政收入将大幅度减少，一批以房地产为主要融资对象的中小银行有可能破产，一批中小房地产企业关闭破产在所难免，金融体系的系统性风险可能发生，以房地产抵押的负债率高的中小企业将发生资不抵债，面临关闭破产；从社会发展方面来看，2015 年后购房的群体将会成为负资产家庭，生活水平会有较大幅度的

下降，社会的消费水平将会有较大幅度的下降，大多数市民将要度过相当一段时间的紧日子，甚至是苦日子。（图 5-5）

表 5-3　2018 年深圳新房住宅主要成交数据

行政区	成交面积（米²）	同比	成交套数（套）	同比	成交金额（万元）	同比	成交均价（元/米²）	同比
罗湖区	46750	−26.3%	509	1.8%	340855	−28.4%	72910	−2.8%
福田区	105384	−20.6%	589	−15.1%	988534	−14.7%	93803	7.4%
南山区	394385	8.7%	2651	18.6%	3632086	−1.4%	92095	−9.2%
盐田区	20327	603.1%	230	1050.0%	96737	505.9%	47589	−13.8%
宝安区	1114986	11.6%	11561	7.3%	5997264	20.0%	53788	7.5%
龙岗区	1242404	20.4%	13856	19.5%	4770479	26.0%	39397	4.6%
全市	2924236	12.8%	29396	13.8%	15825955	12.1%	54120	−0.6%

数据来源：深圳房地产信息网数据中心

表 5-4　深圳 2018 年二手房主要成交数据

行政区	成交面积（米²）	同比	成交套数（套）	同比
罗湖区	828948	−3.8%	12094	−0.7%
福田区	1255750	1.2%	15168	5.9%
南山区	1206534	9.7%	12577	4.9%
盐田区	135496	−0.7%	1603	−3.3%
宝安区	1293404	−6.5%	14847	5.6%
龙岗区	1374799	−14.0%	16758	−14.6%
全市	6094931	−3.6%	73047	−1.1%

数据来源：深圳房地产信息网数据中心

注：成交数据的统计口径为二手商品房，包括住宅、商业、写字楼等

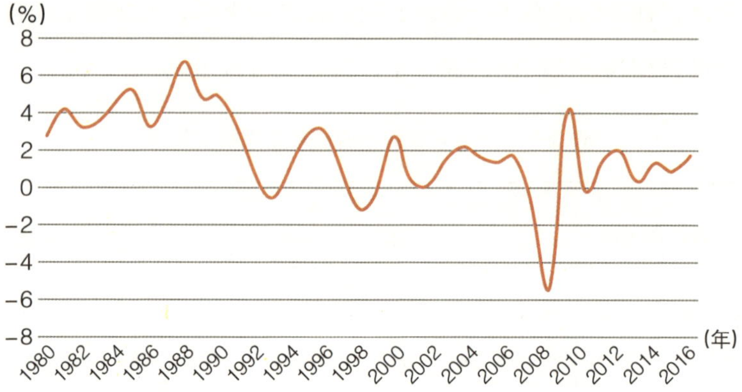

图 5-5 1980—2016 年日本 GDP 增长率情况

数据来源：世界银行

当然，房地产泡沫的破裂，房价“灰犀牛”的出现，从长远来看，对深圳经济社会发展和人民生活也有正面的影响。比如，可以促进深圳经济增长更加健康，财政收入基础更加扎实，实体经济发展环境得到一定的改善，经济结构的调整更加合理，金融体系系统风险消除，金融发展更加稳健，中等收入或中高收入群体购房的承受力进一步增强，等等。但是，这些长期的正面影响，毕竟是用近期经济社会和人民生活付出沉重巨大代价换来的，应该说是无论是政府还是社会都不愿意看到的结果。

第三种可能是房价逐步回归，房价泡沫慢慢消失，既不出现房价长期居高不下，也不突然出现房价“灰犀牛”，在发展和稳定中逐步消除房价极高带来的巨大风险。

与上述两种可能相比，通过政府宏观调控和发挥市场机制的作用，适当控制深圳房价下降速度，通过三年左右时间，使深圳市场商品房价格每年降低10%~15%，到2022年左右，使深圳房价从2017年的每平方米54445元理性回归到2015年的每平方米33406元左右，既不出现突然骤降的泡沫破裂带来的巨大动荡，又不使深圳房价长期处于畸高的风险之中。通过一个过渡时期，通过发展来逐步化解和释放房地产风险和泡沫,使深圳的房价实现“软着陆”可能是比较理想的结果。因此这应该成为未来深圳房地产市场调控的方向和目标。（图5–6）

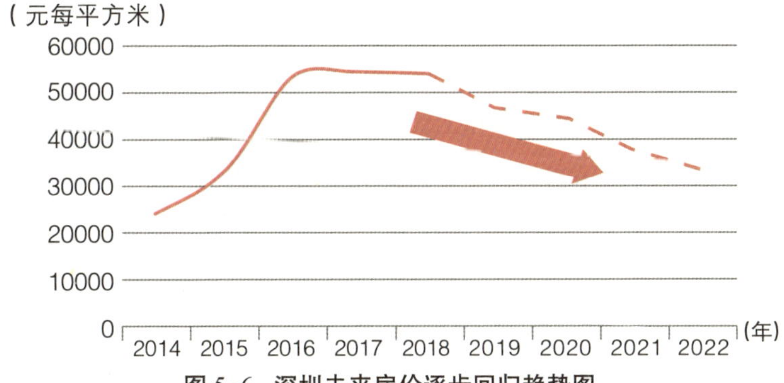

图5–6　深圳未来房价逐步回归趋势图

连续几年每年房价下降10%到15%，可能会对深圳经济社会发展带来一定的影响。因为房价下降，会影响社会对未来经济发展的预期，也会对近期经济增长速度、财政收入增收速度、投资规模和增长速度、城市更新建设速度以及银行不良资产率的增加产生一定的影响。但总体说来，深圳凭借几十年经济发展积累的财富和形成的巨大经济规模，每年房价下降10%~15% 应该说是处于可承受范围。深圳 GDP 结构中最重要的是高科技、金融、物流等产业，房地产所占比重不是太大；深圳市财政总收入近 1 万亿元，卖地收入通常不足 1000 亿元，与内地一些城市土地财政还是有比较大的差别；2017 年深圳房地产投资占整个社会投资额的比例为 40%，房价下降对深圳投资规模会有一定的影响，但不至于形成深圳城市建设萎缩的局面；房地产企业虽然受房价下降 10%~15% 的一定影响，但对一些大型房地产企业，以及在 2015 年前获得土地的房地产企业，其影响程度还不至于达到关闭破产；在 2015 年后购买市场商品房的群体，也逐步延续了负资产的心理压力以及对正常生活的影响等。实际上，从一些国家和地区来看，一个年度内房价下降 10%~15%，对经济社会的影响并不是太激烈，比如 2018 年香港房价在连续几年上涨后，不少二手房尤其是中小户型的房价比上年回调幅度达到 20% 左右，但对香港经济社会和市民生活的影响也没有表现得特别激烈，更没有引起社会普遍不满。因此，总的说来，利用几年时间逐步使房价理性回归，对深圳的经济社会会有一定的影响，但总比房价急剧大幅度下降、房产泡沫短期破裂给深圳带来的巨大影响要小得多，更比房价长期处于高位畸形状况对深圳经济社会带来的长远风险小得多。

（四）深圳房地产市场和房价调控的目标

根据上述对深圳房地产市场和房价趋势和走向的分析，深圳未来房地产市场和房价调控的形势相当严峻，任务相当繁重，为此必须从深圳经济社会发展的整体利益和全局出发，确定未来房地产市场和房价调控的基本目标。未来深圳房地产市场和房价调控，应该明确近期目标和长远目标。

深圳房地产和房价近期调控目标，应该在坚持继续控制严防房价上涨的同时，坚定放弃阻碍房价下降的行政手段和经济手段，使深圳房地产市场按照供需关系的变化和市场内在的规律，进行理性的价格回归，逐步下调；同时避免房价急剧大幅度下调，房地产泡沫迅速破裂，使房价每年大体下调10%～15%，争取三年左右使深圳房价理性回归到2015年的水平。在逐步实现深圳房价调控短期目标的过程中，应该允许深圳范围内各区房地产价格下降幅度的差异。在未来短期房价调整过程中，原特区外距中心城区偏远、公共服务配套设施相对较落后、中低收入群体比例较大的区域，价格可能会率先下调，并且下调的幅度更大些；原中心区域的若干区域，由于土地资源缺乏，地理位置较佳，公共服务、区域配套较为完善，中高收入群体比较大等原因，商品房价格回调的时间可能会迟缓一些，回调的幅度会较小一些。这种格局应该符合房地产市场发展的趋势和规律。

为此，在近期深圳房价下调理性回归过程中，除非出现价格暴跌引起经济社会恐慌的特殊情况下，政府切不可轻易使用行政手段和经济手段,出台刺激房价上升的各种措施和政策，阻止房价的合理回归。对房价回归下降过程中，部分近期已购买的业主因资产价格下跌引起的上访等现象,政府应依法处理，引导社会各群体遵循经济合约、社会诚信精神和市场规律的理念和行为。2008 年美国次贷危机期间，深圳房价从 2007 年每平方米平均 13370 元下降到每平方米平均 12823 元，房价每平方米下降 547 元，全年下降幅度仅为 4%。在此期间，个别商品房楼盘价格下降后引起已经买房业主的上访，市政府有关部门出于社会稳定的需要，用行政手段阻止房地产企业下调出售商品房价格。在未来深圳房价较大幅度下调过程中，有可能再现 2008 年出现的上述情况，深圳市切不可重复用行政手段阻止房地产开发商根据市场变化正常下调房价的情况发生。

深圳市场商品房价格调控的长期目标，应该是与保障性住房市场完全隔离，商品房市场主要面向中高收入、高收入群体。房地产市场按照自身的规律，自我调整和完善，发挥市场配置资源的决定性作用，政府不直接干预市场行为，保持深圳房地产市场长期健康持续发展。

根据新加坡和中国香港的经验，在现代住房制度建立和完善后,商品房市场主要是面向占人口 15%~30% 的中高收入、高收入群体，商品房市场的价格主要依靠供需关系的变化、根据市场规律来自我调节。极个别情况下，政府可以通过扩大土地供应，调整银行利息等经济手段，对房地产市场进行宏观调节。深圳应该学习和借鉴新加坡、中国香港的经验，经过三年左右的时间让房价合理回归，深圳保障性住房内部市场基本形成并规范运作后，深圳房地产市场将进入一个正常的健康发展时期。

在新的时期，房地产市场的变化及商品房价格的高低不应该成为政府的长期调控目标，政府对商品房市场的调控主要体现在三个方面：一是加强市场监管。规范市场运行，防止房地产市场中的捂盘垄断、价格欺诈、过度炒作、虚假广告等。二是尊重市场规律。房价随正常的经济运行和供需关系随行就市，正常的波动由市场本身自我调节。为此，要防止过去若干年来政府对房地产市场和房价出台过多的调控政策和措施，防止用行政手段对价格波动、市场准入进行干预和管控，要改革现在对房地产企业的管理体制，取消对房地产企业正常经营的过多审批、核准、备案等行政许可和非行政许可，发挥市场在资源配置中的决定性作用。三是必要的宏观调控。根据不同时期房地产市场的运行状况，政府在市场波动较大，并对经济社会发展造成严重影响时，适时适当采取包括调整土地供应、银行信贷等经济手段进行调控,使房地产市场保持平稳健康发展。

六 深圳房地产调控方式的改革创新

实现深圳商品房市场发展的近期和长远目标是一项非常艰巨的任务,必须改革现有的政府对房地产调控的方式和方法。而调控方式方法的调整，实际上涉及政府职能的转变、政府治理体系和治理能力的提高、政府调控体系的完善等系统性改革。实现房地产调控方式的改革创新，不仅为深圳长远的房地产发展乃至整个经济社会发展提供了重要保证，也为全国房地产市场健康发展提供了重要的经验。从过去十多年深圳对房地产市场调控教训和房地产市场发展中存在的问题来看，未来深圳市对商品房市场的调控方式和方法的改革创新，应该进行以下五个方面的重大调整。

（一）从深圳实际出发，创造性贯彻国家重要方针政策，自主确定深圳商品房市场调控的政策措施

深圳以抑制房价上涨为目标的房地产市场和房价调控了十多年，结果房价越调越高，最后到 2016 年几乎达到了失控的程度。究其原因，除了保障性住房体系的缺乏，地方政府对利益的追逐以及国家宏观金融政策等方面的原因外，在对房地

产调控的方式和方法上，主要原因是深圳并不是根据自己的实际需要，自主确定房地产调控的政策和措施，而是基本上全都照搬国家的统一政策或北京、上海的调控政策，使深圳的调控政策脱离了自己的实际。

深圳作为全国年轻的一线城市，城市的人口结构、经济结构、就业结构与各地相比有自己独特的情况，与全国各城市房价水平也相差很大，房地产市场也有着相应的特殊性。从政府房地产调控工作层面来说，主要原因包括两个方面：一是机械地执行国家供给侧结构性改革中的房地产去库存的调控政策，基本上取消了 2015 年前深圳出台的有关防止房价上涨过快的调控政策。从 2010 年到 2014 年五年间，在政府调控的情况下，深圳房价基本稳定，个别年份还略有下降。但从 2014 年深圳房地产供需关系来看，应该是需大于求，价格上涨的趋势明显，不存在内地城市房地产库存积压严重问题，更不需要通过房地产去库存来激励购房需求。但 2015 年在国家供给侧结构性改革、房地产去库存的大环境下，深圳市并未根据本地的实际情况确定自身的房地产市场的政策，通过持续的需求管理，使房地产价格处于平稳健康有序发展；而是进行反向调节，大力鼓励需求，扭曲了国家供给侧结构改革的本质要求，脱离了深圳实际，造成了 2015—2016 年房价暴涨的严重后果。二是没有履行城市主体责任，在房地产调控中失责。当深圳房价从 2015 年 3 月份的每平方米 26566 元上升到 12 月份的每平方米 42467 元，已经上升了 59% 的时候，深圳市政府对社会对房价上涨过快的呼声没有任何回应。当 2016 年深圳房价从元月份每平方米46515元上升到2016年6月份每平方米61756元，半年又上涨 32% 的时候，深圳市政府有关部门不仅仍然无动于衷，并且还通过拍卖土地推波助澜，进一步推动地价飙升。在深圳房价从 2015 年 6 月每平方米 30713 元，暴涨到 2016 年 6 月份的每平方米 61756 元，一年内上涨了一倍以上的极其严峻时刻，深圳市政府有关部门仍不履行政府调控的责任，没有采取经济调控措施，消极等待国家有关部门的统一政策。直到 2016 年 10 月份深圳才根据国家要求和其他大城市的做法，出台了一些严格的调控政策，抑制了房价上升的势头，从而失去了调控房价的最佳时机。一年时间把深圳房价推向历史高位，形成经济社会发展中的巨大风险，历史教训极为深刻。

近几年，随着全国供给侧结构性改革的深入，国家有关部门针对全国房地产去库存出现的问题和教训，尤其是一线、二线城市房地产价格快速上涨，对供给侧结构性改革中的失误也作了反思，对房地产去库存的政策也做了重要调整。国家在房地产调控的指导思想上，从过去实行全国统一的房地产去库存的基本政策和基本要求，调整为“因城施策，分类指导，落实城市主体责任”，即把对房地产市场和房价调控主体由国家下放给城市。在新的形势下，国家有关部门只提出房地产市场发展的总体要求和基本目标，具体调控措施政策由各城市根据自己的房地产市场情况和房价水平自行确定，从而纠正了不分大中小城市、不分各地的房价水平和经济发展水平，统一确定房价调控的政策措施的工作失误，从而为深圳在未来执行国家的政策规定、创造性地实现房地产市场调控目标创造了良好的外部环境，也减轻了深圳市在房地产调控方面来自国家有关方面的压力。

为此，在未来深圳市政府对商品房市场调控过程中，要围绕处于高度风险的房价，自主地出台有关经济政策和采取行政调控手段。在处理政府与市场的关系上，不越位不缺位，充分发挥市场配置资源的决定性作用，放松对房地产企业的微观管理和行政审批。首先应由市场供应关系自我调节，逐步调至2015年的房价合理水平，实现深圳房价理性稳步回归。同时，在房地产市场波动过大，尤其是在房价未理性回归正常合理水平之前、再次发生上涨的时候，深圳市政府该出手时就出手，必要时也可采取适当的经济手段和行政手段防止房价再一次大幅度上涨。在深圳房价理性回归到2015年正常水平后，政府的作用主要是维护市场秩序，尊重市场规律，不轻易出台调控措施，尤其是避免过去密集出台过多政策、措施，并且反复多变、朝令夕改的调控局面再次出现。当房价回归理性水平，如果出现暴跌，对经济社会发展带来严重危机时，尤其是遇到类似日本泡沫经济骤然破裂的情况时，政府也应该果断出台经济措施乃至行政手段，避免地产泡沫快速破裂带来的深远影响，尽最大努力使畸高房价软着陆。

（二）治标治本兼顾，近期要把保障房市场的建设作为深圳房价理性回归的治本措施，为未来对商品房市场的长远调控创造环境、打好基础

深圳市场商品房价格要达到有效的调控，使其逐步合理回归，必须以加快建设保障性住房，形成比较规范的保障房内部流动市场为前提。没有保障房的建设和保障房供应体系的完善，深圳房价的合理回归是不可能的，深圳商品房市场健康发展也是不可能的。这是因为，深圳房地产市场之所以不完善，深圳的房价之所以如此之高，其重要原因是深圳在2003年后在住房制度改革发生颠覆性的错误，停止或基本停止了保障性住房的建设，让社会所有成员都进入商品房市场，扩大了需求，打破了2003年以前商品房市场的供需关系，刺激了商品房价格持续增长。虽然2010年尤其是2015年后深圳加快了保障性住房的建设，但至今保障性住房的覆盖面仍然不到常住人口的20%，商品房市场的供需矛盾仍然比较突出。因此，从长远来看，如果没有保障性住房建设和保障性住房内部市场的完善，要达到长久的房价合理回归是很困难的。为此，深圳市在未来的商品房市场调控过程中，尤其是市场商品房价格未合理回归之前，无论房价如何变动，都应该坚定不移地把保障性住房的建设和保障房市场体系的完善作为调控房价的“治本”之策，从而为

商品房市场的长远供需平衡并实现政府的调控目标，促进商品房市场长期健康稳定发展打下良好基础创造有利的外部环境。

经过几年多方面采取措施和深圳经济社会发展的变化，商品房市场价格逐步通过市场机制回归合理价位后，深圳的现代住房制度应该重新回归和调整到20世纪80年代末确定的“双轨三类多价”的改革大方向上来，即呈现出保障房市场和商品房市场“双轨”“多种价格”的基本格局。在坚持现代住房制度改革大方向的前提下，进一步完善两类市场的运行规则和调控方式。其中，保障房市场实行封闭式管理，按照政府确定的规则进行内部交易，交易价格和方式都由政府用行政手段进行调节和干预，形成内部规范有序、独立封闭运行的保障房市场；市场商品房则主要发挥市场机制的自我调节作用，让市场在配置资源中发挥决定性作用，在必要时，政府运用必要的经济手段对购房、房贷、房价进行调控，从而保障商品房市场的长期平稳健康发展，促进深圳经济社会的持续高质量发展和市民住房条件的逐步提高与改善。

（三）保持房价调控的方向、目标和定力，防止房价合理回归过程中的反弹和房价调控目标的半途而废，逐步化解房地产引发的金融和经济风险

自从2016年深圳房价暴涨后，政府用经济手段已经无法控制房价上涨，采用了行政手段对房地产企业卖房进行价格管

制，维持了近两年房价表面上的稳定。这几年政府用价格管控的方式控制房价，虽然在理论上不可取，从长期来看不可行，但从近期来看，这也是在现有地方政府治理能力低下的状态下的无奈之举。从实践上看，这几年控制房价继续上涨的方向是对的，在房价合理回归理性价位之前，应该坚定不移地坚持下去。

综上所述，自从2018年下半年，深圳的商品房价格在市场的自动调节下，已经出现了量小价跌的历史性拐点。据有关方面统计，在商品房一手房的市场上，在成交量上，深圳市2015年一手住宅成交量为6.6万套，2016年为4万套，2017年为2.6万套，2018年1—11月为2.6万套，成交量下降明显；在交易价格上，一手房平均房价2016年为每平方米5.4万元，2017年为每平方米5.5万元，2018年1—11月为每平方米5.4万元，也是呈现逐年下降的趋势。在房地产二手房的市场上，在交易量上，二手房成交量2015年为14万套，2016年为10.4万套，2017年为6.4万套，2018年1—11月为6.2万套；在成交价格上，2016年每平方米为4.2万元，2017年为每平方米4.3万元，2018年1—11月为每平方米4.2万元，价格也呈现逐年下降的态势。2018年上半年在政府对房价管控下，一手房和二手房的价格倒挂现象已经消失。

房地产市场和房价出现由升向降的拐点，并非完全是政府对房地产开发商进行限价销售的价格管制所致，主要是由深圳乃至全国从 2018 年下半年以来经济发展的现状，以及人们对未来经济发展的预期所造成。从 2018 年下半年以来，由于外部和内部、客观和主观等多种原因，与全国一样，深圳的经济发展也出现下降趋势，民营企业尤其是中小民营企业经营困难，不少小型企业关闭破产；制造业外迁继续加剧，物流供应链全行业萎缩；股市“跌跌不休”，已经创四年来新低，中等收入阶层损失惨重；大量 P2P、小额贷款公司或者停业或者倒闭。在经济衰退的影响下，几乎所有群体的收入水平在下降，消费能力在降低。2018 年 1—10 月深圳市消费品零售总额同期只增长 2.8%，而同期消费物价累计涨幅为 2.7%，高档消费、旅游业等重要消费领域增长速度大幅下降，甚至萎缩。比如深圳机场旅客吞吐量 2018 年 10 月同期增长 8.4%，而 2018 年 11 月增长 4.2%，12 月增长 4.9%，深圳机场货邮吞吐量 2018 年 10 月同期增长 7.2%，11 月增长 3.4%，12 月仅增长 0.8%。经济发展的全面衰退，社会各群体收入水平降低，消费能力下降必然对市场商品房价格带来影响，使深圳房价出现多年来没有的历史下降拐点。（图 6–1、图 6–2）

2018 年下半年房价的由升向降拐点的出现，从宏观房价调整的角度来看，是畸高房价逐步理性自然回归的历史机遇，是高房价泡沫逐步消除、房价积累的高风险逐步软着陆的起点，符合房地产市场发展的内在规律，符合国家房地产宏观调控的

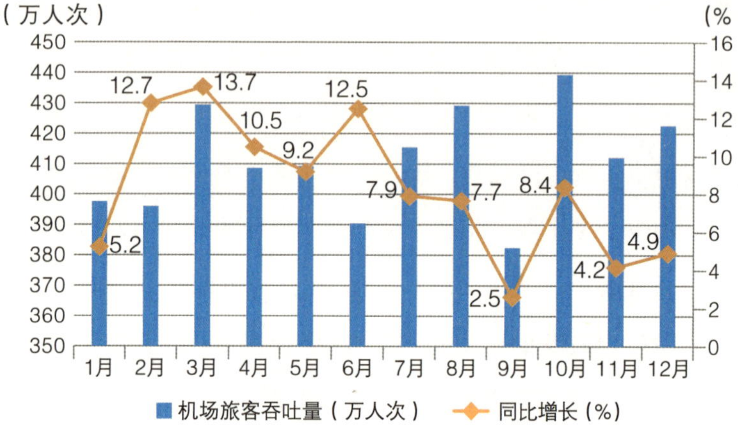

图 6-1　2018 年 1—12 月深圳机场旅客吞吐量走势

数据来源：《深圳机场经营快报》

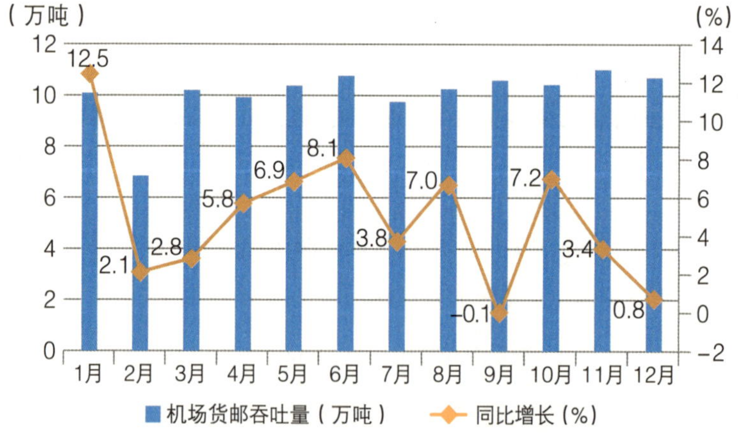

图 6-2　2018 年 1—12 月深圳机场货邮吞吐量走势

数据来源：《深圳机场经营快报》

基本方向，深圳市政府有关方面应该顺应房地产市场发展的规律，促进其合理回归，切不可为保障所谓GDP和财政收入持续增长的自身利益，动摇甚至颠覆调控房价的方向，使房价调控目标半途而废。

随着2018年房价走向拐点的出现，房价最终下降多大幅度才算是合理回归？从对现在畸高房价的现实和未来几年中国经济发展的趋势和预期来看，深圳的房价回归至2015年每平方米3万元的水平，下降幅度40%左右比较合理，其依据大体有以下几点。

首先2015年的房价从2014年每平方米23955元上涨到33406元，上涨幅度为39.4%；2016年又上涨到53455元，上涨幅度达60%。2015年至2016年期间深圳房价暴涨一倍本身就是非理性的，是违背市场规律、脱离经济发展和人民收入水平基本面的特殊产物，因此，理性回归市场本身的价值是正常合理的，是符合房地产市场发展规律的。

其次，从未来几年经济发展的预期来看，国内外不确定因素日趋增多，经济社会发展中的风险处处存在，即使中美贸易摩擦形势有所缓和，国内经济发展中的各种矛盾仍然日益显现。尽管国家在“保稳定”方面采取宽松的货币政策和积极的财政政策，但深圳乃至全国的经济增长继续放慢的趋势难以改变，未来几年将是改革开放几十年中经济最困难的时期。因此，受未来几年经济社会大环境的影响，房地产市场和房价下降的趋势恐怕也是难以避免的。深圳乃至中国经济经过几年的调整，在经济持续下滑的大背景下，社会各阶层的收入会大大缩水，对商品房的购买能力会大大降低，房价下降幅度达 40% 左右，回归到 2015 年至 2016 年暴涨前的价格水平应该是在预期范围内的。

再次，随着保障性住房的加快建设，中小户型为主体的不同类型的保障型住房的陆续建成，也将对市场商品房的需求和价格产生重要影响。根据深圳市有关部门保障房建设计划，从 2018 年起政府每年将兴建包括人才住房、安居型商品房和公共租赁房 60 万套以上，其中每套 90 平方米的人才房和 70 平方米的安居型商品房和公共租赁房 6 万套以上，而 2017 年和 2018 年两年，每年深圳市一手住宅的销售量才 2.6 万套。显然经过三年左右的建设，深圳将建成近 20 万套保障性住房，这对市场商品房销售量和销售价格都将是一个强有力的压制性因素，有利于促使市场商品房价格的高位理性回归。

最后，深圳市场商品房价格理性回归至 2015 年至 2016 年的水平，也同深圳居民家庭收入水平大体适应。“房价收入比”是衡量城市商品房价格是否合理的通用指标，也是考量是否存在房地产泡沫的主要数据。根据国际上通用的理论，城市的房价收入比通常为 6~7 倍属于合理范围。近期国内有关方面对全国 35 个重点城市 2017 年房价收入比的研究，深圳以 40.42 倍位居全国之首，并且远远超过名列第二位的三亚市的 28.16 倍的水平。从我国居民购房能力和消费习惯，以及深圳的城市特点来看，完全用国际上通用的 6~7 倍的房价收入比来界定深圳的房价合理区间也未必合理科学。根据我国居民“安居乐业”“有恒产者有恒心”以及家庭结构的情况，通常购房并不仅仅是以青年人三口之家的年家庭收入为基础，而往往是包括父母甚至直系家属在内的大家庭互助共同购置商品房，因此购房能力远远超过 6~7 倍房价收入比的水平。同时，深圳作为全国经济发达、现代化水平比较高的特大城市，往往还吸引众多周围地区乃至全国各地比较富裕群体来深圳购房安居，在这种特殊情况下，单独用深圳的家庭年收入来衡量房价收入比也未必真实客观，但即使考虑到这些因素，2017 年高达 40 倍的房价收入比显然远远超出了深圳的经济发展和居民收入的实际水平。因此，畸高的深圳房价如能回归 2015 年，即每平方米 3 万元左右的水平，使深圳的房价收入比从 40 倍左右降低到 20~25 倍，虽然在全国乃至全球大城市的房价收入比之中还是相对较高的，但可能比较接近深圳经济发展水平发展阶段以及居民家庭收入可承受能力。

深圳的房价从 2015 年到 2017 年，经过三年左右从每平方米 3 万元左右攀升至 5 万元以上，如果在深圳乃至全国经济发展的大背景下，通过房地产市场的自我调节，通过三年左右回归到 2015 年的房价理性水平，实现了畸形房价的软着陆，消除了经济增长尤其是金融体系中的最大风险，并且避免了类似日本房地产泡沫破裂给经济社会和人民生活带来的严重的长期的影响，应该说是历史又一次给了深圳经济社会健康平稳发展的战略机遇，为未来深圳的经济社会发展和人民生活水平的提高打下了坚实的基础。

在未来几年深圳畸高房价按市场规律逐步下降理性回归的过程中，深圳市政府有关方面不管遇到多大压力，都应坚持房价调控的方向和目标不动摇，切不可为了追求近期 GDP 的增长和财政收入的增加，或受到与房地产开发企业等有关利益群体的干扰和国家有关部门的行政压力,改变房价调控的方向，出台各种政策、采取多种措施、运用各种手段阻止房价合理回归，也不应当盲目照搬内地其他城市有可能出台的阻止房价下跌的政策，而是应根据深圳的实际情况，创造性执行上级有关指示，履行好中央要求的“城市自主责任”，否则，有可能使这几年房价调控目标半途而废，前功尽弃，重犯 2015—2016 年深圳房价调控的错误，失去深圳房价调控的历史机遇。

（四）逐步取消对房地产市场的过度干预和价格管控，实现房地产调控从行政手段为主向经济、法律手段为主的转变

自 2005 年以来，除了 2015—2016 年短暂的供给侧结构性改革房地产去库存期间外，国家有关部门和各级地方政府出台了一系列以控制房价上涨为目标的房价调控政策。这些政策以行政性手段为基本方式，适当配合经济手段；调控政

策几乎涉及房地产市场体系的每个环节，包括限购、限贷、限卖、限价四个方面，几乎穷尽了所有经济和行政手段。由于调控措施违背了市场经济规律，在多年的房价调控中，出现了类似“离婚潮”“一手房与二手房价格倒挂”等奇特的历史现象。深圳与全国各地一样，从限购开始也出台了数不清的调控政策，在限购方面包括户籍限制，缴纳社保连续年限的规定，每个人每个家庭购买数量等；在限贷方面，包括提高首付比例，提高房贷利息，限制贷款购房数量等；在限售方面，对房地产开发商开发商品房的销售时间、销售数量、销售区域、销售结构等进行行政备案审批；在限价方面，2016年后基本上恢复到计划经济条件下的价格管制程度，由政府有关部门直接确定商品房销售价格等。

上述这数不清的限购、限售、限贷、限价等调控措施，不能说没有起到一点作用，但总体上说它严重侵害了房地产市场供需双方的合法权益，违背了房地产市场自身的规律，也是不成功的，使房价越调越高，深圳从2006年到2016年十年调控的结果使房价几乎上涨十倍，最终证明深圳的房价调控是失效的。究其原因，从房地产市场调控本身来讲，基本上分两个方面：一是由于我们保障性住房制度上的缺失，使在房地产市场调控过程中，混淆了住房的两种属性、房地产的两类市场的本质区别。既没有把住房的基本社会保障属性与投资保值、消费享受功能分开，又没有在此基础上形成保障性住房内部市场和商品市场。在调控房地产市场的实践中，把主要适用于保障性住房内部市场的限购、限贷、限售、限价等行政性为主的调控政策措施，用在了商品房市场的调控上，调控手段与调控对象发生了错位,对房地产这样一个重要的要素市场和消费市场，对房地产商品市场上的消费对象、消费数量、消费价格、消费方式进行了直接的管控，采取了以行政手段为主导的，干预市场经济正常运作规律的种种方式，自然难以达到调控的目标。二是由于对商品房市场的性质认识和把握不准，使在商品房市场发展过程中的政府和市场的作用功能发生了错位。在长达十多年的房地产调控过程中，政府本质上就没有把房地产市场当作一个独立的市场体系，没有把房地产企业当作按市场规律正常经营的独立的竞争主体，也没有把购房消费者作为一个独立商品消费者，而是打着房地产调控的名义，用限购、限售、限贷、限价等大量行政手段，直接干预甚至剥夺房地产市场体系中生产者和消费者正常的合法权益，市场在房地产发展中的资源配置作用基本上没有得到发挥。政府从市场秩序的监管者和公平竞争环境的维护者，直接变成房地产市场中的参与者和利益主体，不仅垄断控制着土地一级市场，通过提高地价实现自己的特殊利益，而且在二级市场上直接干预消费主体的市场行为，直接管制消费价格。因此，长期以来深圳市政府在房地产市场的越位教训也十分深刻。

为此，在经过几年调整房价合理回归后，在深圳保障性住房市场逐步形成并规范运作后，政府在对商品房市场进行调控时，要站好自己的位置，取消对房地产市场的过度干预和价格管控，包括取消各种形式的国内投资者和消费者的限购，不能再以“户籍”“社保缴费年限”等对消费者的资格进行需求和购买限制，不能对国内房屋消费者的购买数量、结构、面积进行行政限制，不能对房地产开发的正常经营活动进行无理干预。在房地产企业符合土地出让时对建筑面积和功能的规定的前提下,取消政府有关部门对房地产企业商品房开发中的设计、户型、面积、结构的审核批准，取消对房地产开发企业商品房销售时销售方式、销售策略的干预和限制，取消对房地产企业预售、销售的备案批准，取消对房地产企业出售商品房价格的批准和价格管制等。对金融企业的商品房贷中首付比例、利息水平等具体的政策，也应该尊重银行经营自主权，让银行根据房贷业务发展需要及风险防控的自身机制，自主决定房贷的对象、首付比例、贷款利息水平等具体指标，应该纠正政府以行政手段直接出台房贷方面的具体规章和具体政策的做法。

当然，在未来商品房市场发展过程中，在市场严重失灵和房地产市场发生重大变化并危及经济社会稳定的情况下，政府对房地产市场进行宏观调控可能也是必要和难免的，但是这种调控主要是应当通过经济手段间接地引导房地产市场，调节市场的供需总量和结构平衡,而不是通过包括各种形式的限购、限售、限价、限贷等政策措施用行政手段直接干预市场，甚至直接出台一些具体操作措施来替代市场的功能。在这一方面，深圳市政府应该借鉴香港特区政府对房地产调控的经验，利用好一级土地市场来调控商品房的供需平衡。实际上，政府手中掌握的城市土地市场的垄断权是用经济手段调控房地产市场最重要手段和优势，政府完全可以通过加大或减少一级市场上土地出让的数量、位置和结构，来引导和调控房地产市场的总量平衡、区域平衡、结构平衡，从而调节商品房供需关系和价格水平。然而，长期以来，政府有关部门不是把土地资源作为调控房地产市场供需平衡的政策工具，而是主要作为政府收入的重要来源，往往通过抬高地价而增加卖地收入，这样的单向调节结构势必使房价越调越高。未来政府手中的土地资源应该主要用于调节商品房市场的供需平衡，更多地服务于抑制房价过快增长的目标，而不应该与民争利，仅仅从自身利益出发决定土地资源的供应数量、布局和结构。在实践中，用土地供应量增减调控房地产，尽管有时没有用行政手段通过限购、限售、限价的方式效果快，但它却往往是调控房地产最有效的手段，也是调节供需平衡的根本性措施。在房地产市场机制比较完善的情况下，房地产开发企业对政府拍卖土地的意图是非常敏锐的，对政府及房地产发展的预期反应也是有效的。在运用金融工具调节房地产市场时，也尽量少用或不直接用行政手段规定首付比例，而采用贷款利息的高低等经济手段来影响金融机构和购房者的经济行为。在房地产市场调控过程中，在特别需要的情况下，即使用上述经济手段时，也要避免长期以来政府对房地产市场调控措施出台过密、过勤、过多、过细，甚至朝令夕改的毛病，尊重房地产市场自身发展运行的规律，发挥市场在资源配置中的决定性作用，逐步形成一套符合房地产市场发展规律要求的政府调控方式和调控手段，取得较好调控效果，达到调控的长远目标。

（五）果断运用好必要的行政手段，防止畸高房价的硬着陆和房地产泡沫的突然破裂，避免因房价给经济带来的系统性风险和对社会带来的剧烈震荡

现有畸高房价下降是个必然趋势,那种“冻结”现有房价，使房价长期不降，高位盘整，是脱离经济社会发展基本面的。因此，当房价出现下降拐点之时，惊慌失措，匆忙采取阻止房价理性回归的政策措施是错误的，也是违背经济社会规律的。但是，在未来经济发展中房价迅速下降，出现了泡沫突然破裂的“黑天鹅”事件，迫使畸高房价硬着陆的极端现象，从而对经济社会和人民生活的影响和震荡过大，也应该要尽力避免。

经济活动是非常复杂的，对未来经济发展准确的预期也是很困难的。但从目前的趋势来看，未来几年国内经济发展处于下降趋势，甚至将走向长时期衰退的可能性是存在的，在这种情况下，深圳房价不下降、长期处于“高位”不着陆是不可

能的。政府有关方面在房价逐渐下行的过程中，主要职责不是阻碍房价的逐渐下降、理性回归，而是防止房价“黑天鹅”事件使房价逐步理性回归的进程突然断裂。但是，受多种因素的影响，房地产市场“黑天鹅”事件，房价泡沫的急剧破裂，进而引起金融乃至整个经济体系的系统性风险也是存在的。因此，在房价开始理性回归的过程中，政府有关部门就要时刻警惕并提前做好防范房地产泡沫突然破裂的预警及有关政策措施准备。

房价下降多少属于“黑天鹅”事件？房价下降多少政府应该出台阻止房价泡沫突然破裂的政策措施和调控手段？如前所述，根据深圳房价水平，三年左右总体下降40%，回归到2015年上半年的每平方米3万元左右应该说是理性合理回归。在这个过程中，假如房价在一年内迅速下降30%左右，应该说超过了经济社会短期可承受能力，此时，按照国家“因城施策、落实城市主体责任”的要求，深圳市政府应该果断采取必要的经济手段和行政手段，延缓房价的急剧下降和硬着陆，从而避免房价泡沫急剧破裂对经济社会发展带来的巨大风险。

即使是应对房价“黑天鹅”事件和房地产泡沫的突然破裂，政府在出台应对措施时，也应该根据当时的具体情况，采取“先缓后急”“先经济后行政”的调控方式，既控制房价急剧大幅度下降，又引导畸高房价的合理回归。所谓“先缓后急”，即先采取比较温和的调控措施，控制房价下跌的幅度，如果在合理回归后仍然处于下降趋势，则可以采取更严格、影响力更大的调控措施。所谓“先经济后行政”，即在房价虽然下降了30% 左右，但仍未回归至理性合理水平前，通常可采取过去十多年来已经实施过的反调节措施，刺激需求，抑制供给。在刺激需求方面，可以采取降低首付比例甚至实施零首付（日本经济泡沫破裂后房地产长期实行零首付），降低房贷利率（日本个人房贷利率曾几乎接近于零）等；在抑制供应方面，可以有计划地降低政府商品房土地出让的速度、数量等。通过这些经济措施的出台，既调节商品房市场的供求关系，又给房地产企业、购房家庭以及金融机构以合理的预期，防止房价继续较大幅度下降给经济社会带来严重冲击。当房价回归至合理价格后仍在继续大幅度下调，政府以经济手段难以短期阻止房价下降时，必要时，也考虑在短期内采取严厉的行政手段，使房价先“冰冻”起来，然后再逐步使之回暖。比如，可对房地产企业新房售价进行行政审核，限制下降幅度，从而通过对一手房的价格管制，影响二手房市场的房价。在限制一手房商品价格的同时，应该帮助房地产企业解决正常经营中的资金紧张状况，防止资金链突然断裂。在房价大幅度急剧下降的极端情况下，甚至可以考虑借鉴采取类似股票交易市场暂时休市的方式，让市场冷静下来，恢复理性，在恐慌情绪消除或减轻的情况下，再恢复正常交易。当然，这种极端的行政手段，使用时应特别谨慎，防止 2015 年下半年中国 A 股市场上“熔断”情况的发生。

七 住房制度的创新与执政理念的转变

深圳进一步深化住房制度改革，搞好对房地产的宏观调控，建立现代住房制度不仅是一个涉及住房制度具体的经济政策、社会政策的调整问题，也不仅仅涉及房地产本身的行业管理问题，更不是一个有关住房制度设计上的细节完善问题，从本质上讲，它是涉及对现有包括保障性住房和市场商品房在内的整个住房制度再造的重大理论和实践问题，是房地产领域的一项重大改革和制度创新，也是政府执政理念的重大转变。

改革开放四十年，经济特区建设三十八年来，深圳在改革开放、经济发展、城市建设等方面都取得了巨大成就，与此同时，目前深圳已经建立了比较完善的社会保障制度，市政府这些年在教育、卫生、公共交通、保障性住房等民生领域进行了大量的投入，使市民享受公共服务和社会保障的水平和质量不断提高。但是，我们必须承认，深圳市民的收入状况、生活水平、社会保障水平和公共服务水平等，与深圳当前实际达到的经济发展水平和发展阶段还不相适应，与市民期盼的公平共享、包容发展的期待还有很大差距。这些差距表现在收入水平、生活质量、社会保障、教育、卫生、就业等很多方面。其中，住房问题主要表现为三个方面：一是住房保障制度严重缺乏，中低收入群体住房困难，住房保障率达不到国家的基本要求，与新加坡、中国香港等地的住房保障率相比差距巨大。二是畸高房价几乎压垮了所有工薪阶层,使青年人失去了奋斗的希望，上千万工薪阶层和年轻人，他们在深圳没有安居乐业，对城市没有归属感。三是占深圳常住人口 2/3 的 800 万低收入非户籍人口没有纳入保障性住房的覆盖范围，使他们在住房保障方面处于极不公平、不平等的地位。包括住房制度在内的这些问题的存在，加剧了社会矛盾，造成了经济社会发展与人民需要之间的失衡。

深圳在发展中存在的包括住房保障在内的公平共享、公共服务、社会保障等方面这些问题，究其原因，从改革的角度来说，有些是改革开放、市场经济发展过程中难以完全避免的，有些是受多种因素影响使改革不到位、不彻底造成的，也有的是改革过程中存在的某些失误失当所造成的。从发展的角度来讲，有些是受经济发展水平、发展阶段的制约而难以逾越的，有的是经济发展中的政策措施失误造成的。从更深层次上讲，这些年来我们的执政理念、发展模式没有及时转变是最根本的原因。因此，深化住房制度改革，建立现代住房制度，以及解决好市民在教育、卫生、社会保障等方面问题，应该在执政理念、发展模式、政府职能等方面进行战略性转变，把公平共享、包容发展作为未来深圳全面实现现代文明富裕的新目标，实现从速度深圳、质量深圳向共享深圳的跨越，使深圳成为我国率先实现全面小康、共享发展的一面旗帜。

转变执政理念和发展模式，把住房、教育、卫生、社会保障等人民群众最关心的问题解决好，实现经济发展成果的共建共享，也是习近平同志多次强调的“以人民为中心”的执政理念的集中体现。习近平同志指出：“我们的人民热爱生活，期盼有更好的教育、更稳定的工作、更满意的收入、更可靠的社会保障、更高水平的医疗卫生服务、更舒适的居住条件、更优美的环境，期盼孩子们能成长得更好、工作得更好、生活得更好。人民对美好生活的向往，就是我们的奋斗目标。”

改革开放以来，在“以经济建设为中心”的党的基本路线指引下，我们的经济发展取得了巨大成就，应该充分肯定。但这些年来，我们在加快经济发展的同时，没有与时俱进，相应转变执政理念、发展模式和政府职能，使深圳更多地追求经济的增长和财政的收入，追求城市的形象，追求政府的政绩，甚至追求一些形象工程，而在市民最为迫切需要的教育、卫生、住房、就业、社会保障等方面，政府有关方面关注不够、重视不够、投入不够、改善不够，使这些政府应该提供的必要的公共产品和公共服务得不到有效的满足，使广大市民不能更好地公平共享改革开放和经济发展的实际成果，反而积累了很多社会矛盾。因此，转变政府的执政理念、发展模式，建设公平共享包容发展的深圳，既是深化住房制度改革、建立现代住房制度的最基本的保障，也完全符合国家新时期新的执政理念的需要。具体说来，深化改革、转变政府执政理念和发展模式，需要解决好以下三个方面的基本问题：

1. 把“住有所居”作为共享深圳建设的最基本目标，给广大市民更好的愿景和希望

根据国际标准，从经济发展状况来看，深圳已经达到世界发达经济体的水平，人均 GDP 处于韩国和中国台湾之间。从共享深圳发展目标来看，深圳市居民享受的就业、教育、医疗、社保、住房、文化、公共交通等公共服务水平应该逐步接近中国香港和新加坡，其中 40% 左右的中低收入的常住人口应该享受基本的住房保障，通过人人参与、人人尽力，使深圳居民不分贫富、不分户籍都能劳有所得、病有所医、老有所养、住有所居，并通过深圳共享发展的实践和创新，在全面深化改革的新时期，在住房保障和现代住房制度方面，为国家探索出更多的改革经验，作出更大的贡献。

2. 以建立现代住房制度为目标，强力推动相关领域一系列重要改革

深化住房制度改革，建立现代住房制度，不仅仅是住房政策的局部调整，实际上是涉及经济、社会等很多领域的一系列重要改革。由于改革涉及现有不同群体之间利益格局的重要调整、政府资源分配格局的重要调整以及政府职能的重要调整，改革的难度并不比20世纪80年代末深圳住房制度改革的难度小。比如，加大保障性住房的建设，就要涉及对现有土地利用规划、城市发展规划及财政分配体制的重要调整；保障性住房覆盖范围的扩大，就涉及户籍制度改革；住房分配制度的完善，就涉及现有不同收入、不同学历水平的群体之间利益的再分配；等等。因此，住房制度的改革，实际上是一个涉及不同层次的改革的系统工程。

党的十八届三中全会以来，我国全面深化改革进入新的时期。近几年深圳在全面深化改革过程中，由于种种原因，重大的、突破性的改革乏善可陈，究其原因，除了客观上国家采取了顶层设计、依法改革的改革部署，为地方的自主改革留下的空间较小外，主要的原因是深圳的干部队伍普遍存在不敢改、不愿改、不会改的现象。对此，在未来住房制度改革中，深圳有关部门和有关方面，应该下决心解决不敢改、不愿改的问题。在住房制度改革涉及的财政体制、户籍制度、分配体制、社会保障体制等重要改革上，大胆创新，敢于突破现存既有利益格局，敢于突破传统观念和体系的束缚，敢于冲破不同利益群体对改革的影响乃至阻挠，以共享深圳为改革的大方向和新坐标，在住房制度改革方面持之以恒，力争每年都有所突破，逐步建立符合深圳特点的现代住房制度。

3. 转变政府职能，认真解决好在现代住房制度方面存在的缺位和越位问题

深圳市政府在现代住房制度的建设中将面临两个基本体系和两项基本职能，两个基本体系是保障性住房体系和市场商品房体系，两项基本职能是保障性住房市场的不断完善和商品房市场的健康发展。从这些年深圳的实际情况来看，政府在保障性住房的建设和体系的完善方面，缺位、不到位是主要的，在市场商品房发展方面越位现象又是相当严重的。因此，未来在政府职能的转变过程中，既要改变以 GDP 为中心的传统思维方式，把保障性住房的建设、分配、管理体系等人民群众最关心、反映最强烈的问题解决好，使广大市民“住有所居”的愿景逐步成为现实；又要解决好在市场商品房体系运行中的越位问题，减少对房地产企业正常经营活动的直接行政干预，减少用行政手段调控管制商品房市场，发挥市场在资源配置中的决定性作用，尊重房地产市场规律和房地产企业的自主权，尤其是要解决好近几年畸高房价可能给深圳经济社会带来的系统性风险，促进房价理性合理回归，保持深圳房地产市场长期持续健康发展。

参考文献

［1］陈蔼贫．求索中奋进：深圳住房制度改革与实践［M］．北京：中国社会科学出版社，2017.

［2］罗海平．丰碑：深圳房地改革30年［J］．城市开发，2008（5）：63-65.

［3］文哲．深圳房改排头兵：公共住房政策改革［J］．中国房地信息杂志，2000（12）：33-34.

［4］包宗华．我国住房制度改革反思［J］．改革内参，2018（综合·32）：34-38.

［5］马光远．深圳房改方案令人失望"二次房改"不是回到福利分房时代［EB/OL］．光远看经济，https://mp.weixin.qq.com/s?src=11&timestamp=1555037846&ver=1541&signature=iAXrHZWnI17FWJn5twMewzwQuVLL56c1PAEjw-WNcznzEy7bNYShBJG73QU4*4AqayMMYFATAi667-wHkdcqKLObH0AN9lnflw7PZbPofFDpyamiiWtebL2Nzu2wZjoI&new=1,2018-06-06.

［6］黄小虎．我国现行城市住房制度必须改革［J］．经济导刊，2017（1）：74-81.

［7］姚洋．房地产调控为何"越调越涨"［J］．改革内参，2018（文摘·16）：30-31.

［8］杨伟民．加快建立新的住房制度和市场化调控机制［J］．改革内参，2018（文摘·12）：27.

［9］老蛮．楼市拐点：2018前三季度经济数据检析［EB/OL］．老蛮数据透析站，https://mp.weixin.qq.com/s?src=11&timestamp=1555037672&ver=1541&signature=IAiXwPodAPu1JEHS9iugec1LoVqA745Siiupsr5K5-WdpKYTXugpJsiLGlEwZcRp2DWqUeXray1VMWxiO4fgqVEcdeYzRuDNC3OyZo0SPijuFXOXO4VFPTcVVaDBR-9x&new=1.

［10］夏磊．新加坡住房制度启示录：新加坡如何实现“居者有其屋”［EB/OL］．泽平宏观，https://mp.weixin.qq.com/s?src=11&timestamp=1555037357&ver=1541&signature=wiGkHG8rWwzMYwPvpAYIQ5NmOjuEOTRRrtjGP6CE50WllVECBm1GoXMEUXZlmgH4JGjueI2Vz2PpphN3bywsqzv1-i0ncSRglth73x0XU3ZzDrSV625KQJApeyQRtmPq&new=1,2008-09-21.

［11］1980-2017年记录：深圳真实房价［EB/OL］，https://blog.csdn.net/ljh081231/article/details/79608936.

附件：

深圳市人民政府关于深化住房制度改革加快建立多主体供给多渠道保障租购并举的住房供应与保障体系的意见

深府规〔2018〕13号

各区人民政府，市政府直属各单位：

为深入贯彻习近平新时代中国特色社会主义思想，全面落实党的十九大关于加快建立多主体供给、多渠道保障、租购并举的住房制度的部署，系统构建面向2035年的住房供应与保障体系，结合深圳实际，提出以下意见。

一、改革意义

深圳经济特区建立以来，我市住房制度改革和发展取得了历史性成就，基本解决了住房短缺问题，有力支撑了经济社会快速健康发展，也为全国住房制度改革提供了深圳经验。近年来，随着我市人口持续净流入，商品住房价格上涨较快，住房供需不平衡、结构不合理、保障不充分等问题日益突出，现行住房制度已难以满足广大市民对改善住房条件的新需求，难以满足深圳实施人才强市战略的新需要，难以满足深圳建设创新引领型全球城市的新要求。进入新时代，面对新任务，深圳亟需深化住房制度改革，加大住房供应，扩大保障范围，不断提升城市对人才的吸引力，不断增强市民群众的获得感、幸福感、归属感，努力让全体市民住有所居。

二、指导思想

全面贯彻党的十九大精神，以习近平新时代中国特色社会主义思想为指导，深入贯彻习近平总书记重要讲话精神，坚持以人民为中心的发展思想，坚持房子是用来住的、不是用来炒的定位，正确处理住房经济属性和民生属性的关系，把民生属性摆在更加突出的位置，以满足新市民住房需求为主要出发点，以建立租购并举的住房制度为主要方向，以市场为主满足多层次需求，以政府为主提供基本保障，进一步深化住房制度改革，构建系统完善的住房供应与保障体系，促进房地产市场平稳健康发展，为深圳打造国际一流的营商环境和宜居环境，构建现代化经济体系，率先建设社会主义现代化先行区，努力走在“四个走在全国前列”的最前列提供有力支撑。

三、总体设计

坚持以住房供给侧结构性改革为主线，突出多层次、差异化、全覆盖，针对不同收入水平的居民和专业人才等各类群体，构建多主体供给、多渠道保障、租购并举的住房供应与保障体系。充分发挥政府、企业、社会组织等各类主体作用，优化调整增量住房结构，盘活规范存量住房市场。

（一）多主体供给。

1．以房地产开发企业为主，提供市场商品住房、安居型商品房。

2．以住房租赁经营机构为主，提供各类长租公寓。

3．以市、区政府（含新区管委会）为主，提供人才住房、安居型商品房和公共租赁住房。

4．以人才住房专营机构为主，建设筹集人才住房、安居型商品房和公共租赁住房。

5．支持社区股份合作公司和原村民，通过“城中村”综合整治和改造，提供各类符合规定的租赁住房。

6．支持企事业单位利用符合规定的自有用地或自有用房，建设筹集人才住房、安居型商品房和公共租赁住房。

7．支持各类金融机构，采取直接投资、融资等方式，建设筹集人才住房、安居型商品房和公共租赁住房。

8．支持社会组织等各类主体，建设筹集具有公益性质的各类住房。

（二）多渠道保障。

1．增加建设用地，实施以公共交通为导向的住房开发模式，突出产城融合、职住平衡，在宝安、龙岗、龙华、坪山、光明和深汕特别合作区等区域建设大型安居社区。

2．盘活存量用地，加大棚户区改造力度，推进已批未建用地、社会存量用地、征地返还用地等开发建设人才住房、安居型商品房和公共租赁住房。

3．利用招拍挂商品住房用地、城市更新和产业园区等配建人才住房、安居型商品房和公共租赁住房。

4．盘活各类存量用房，推进社会存量住房租购。

5．实施公共设施综合开发，通过轨道交通车辆段和停车场、公交场站等城市基础设施和公共配套设施综合开发建设人才住房、安居型商品房和公共租赁住房。

6．开展城际合作，落实粤港澳大湾区战略，推动建立都市圈城际住房合作机制，结合轨道交通和产业布局，在临深片区开发建设人才住房、安居型商品房和公共租赁住房。

（三）租购并举。

1．实物供应。

——市场商品住房，占住房供应总量的40%左右，以普通商品住房为主，面向符合条件的各类居民供应，租售结合。

——人才住房，占住房供应总量的20%左右，重点面向符合条件的企事业经营管理、专业技术、高技能、社会工作、党政等方面人才供应，可租可售，建筑面积以小于90平方米为主，租金、售价分别为届时同地段市场商品住房租金、售价的60%左右。对符合条件的高层次人才实行更加优惠的政策。

——安居型商品房，占住房供应总量的20%左右，重点面向符合收入财产限额标准等条件的户籍居民供应，可租可售、以售为主，建筑面积以小于70平方米为主，租金、售价分别为届时同地段市场商品住房租金、售价的50%左右。

——公共租赁住房，占住房供应总量的20%左右，面向符合条件的户籍中低收入居民、为社会提供基本公共服务的相关行业人员、先进制造业职工等群体供应，建筑面积以30—60平方米为主，只租不售，租金为届时同地段市场商品住房租金的30%左右，特困人员、低保及低保边缘家庭租金为公共租赁住房租金的10%。

2. 货币补贴。

——面向符合条件的基本住房保障对象发放住房租赁补贴。

——面向符合条件的人才发放人才安居补贴。

——面向符合条件的人才实施购房贷款贴息。

探索采用住房租赁券的形式发放住房租赁补贴和人才安居补贴。

四、工作目标

2018年至2035年，我市住房发展的主要目标是：

——统筹解决各类居民的住房问题，构建相对完备的住房供应与保障体系，确保户籍特困人员、低保及低保边缘家庭应保尽保，各类人才和中等偏下收入居民以及为社会提供基本公共服务的相关行业人员、先进制造业职工等群体的住房困难得到有效解决，可通过市场解决的住房需求得到较好满足。

——到2035年，新增建设筹集各类住房共170万套，其中人才住房、安居型商品房和公共租赁住房总量不少于100万套。

第一阶段（近期），2018—2020年建设筹集各类住房42万套，其中人才住房、安居型商品房和公共租赁住房不少于25万套。

第二阶段（中期），2021—2025年建设筹集各类住房45万套，其中人才住房、安居型商品房和公共租赁住房不少于25万套。

第三阶段（远期），2026—2035年建设筹集各类住房83万套，其中人才住房、安居型商品房和公共租赁住房不少于50万套。

——住房品质和宜居水平持续提升，住房空间布局更加合理，交通、教育、医疗等市政公共服务配套设施更加完善，住房绿色化、智能化水平显著提高。

五、主要措施

（一）完善住房规划和用地供应机制。

编制全市住房中长期发展规划（2018—2035年），坚持住房供应与需求总量相适应、居住用地面积和比例与住房建设规模相适应、产业发展与住房布局相适应、公共服务设施配套与住房建设供应相适应，分近期、中期、远期三个阶段实施，并根据住房需求变化，对规划进行综合评估、滚动调整、及时优化。

完善住房用地供应机制，适当提高居住用地在城市建设用地总量中的比例和开发强度，明确人才住房、安居型商品房和公共租赁住房的用地指标和空间布局，公共租赁住房用地应保尽保，优先安排人才住房、安居型商品房用地，合理增加普通商品住房用地，严格控制大户型高档商品住房用地。从2018年起，在新增居住用地中，确保人才住房、安居型商品房和公共租赁住房用地比例不低于60%，同时在新出让居住用地中提高“只租不售”用地比例。

实行轨道交通车辆段上盖及其站点一定范围内的居住用地用途控制，主要用于建设人才住房、安居型商品房和公共租赁住房。

（二）强化基本住房保障。

基本住房保障对象主要为低收入和部分中等偏下收入的户籍住房困难居民。对特困人员、低保及低保边缘家庭应保尽保，对经我市认定的残疾人、重点优抚对象、计生困难家庭、见义勇为人员等特殊群体优先保障；对符合条件的为社会提供基本公共服务的相关行业人员、先进制造业职工等群体，安排一定比例的公共租赁住房房源。

优化基本住房保障工作机制，落实区级政府（新区管委会）的基本住房保障属地责任，加强全市房源统筹调剂和区际协作。完善基本住房保障方式，采取公共租赁住房、住房租赁补贴两种形式，加大住房租赁补贴力度。优化公共租赁住房轮候配租规则，合理划定基本住房保障收入财产限额，建立健全保障对象经济状况认定核对机制，加强核查机构工作力量，充分运用大数据、云计算等先进技术提高核查效率和精准度。

（三）全面实施人才安居工程。

完善人才安居政策体系，通过货币补贴、租售人才住房、免租入住等多种方式，有效解决各类人才的住房困难。加大货币补贴力度，鼓励支持人才通过市场方式解决居住问题。探索人才住房先租后购、以租抵购制度，在我市工作满一定年限、取得本市户籍且符合相关规定的人才，可申请购买人才住房。

进一步优化高层次人才安居措施，符合条件的高层次人才可以申请在一定年限内免租入住相应面积标准的住房；在深全职工作满5年以上、符合条件的可以按优惠政策购买人才住房或者申请获赠住房产权。

充分发挥人才住房专营机构的作用，积极调动企事业单位、社区股份合作公司等社会力量共同参与人才住房建设筹集。出售的人才住房在土地出让、建设模式、建设阶段的规费标准等方面，适用安居型商品房的相关政策；出租的人才住房在土地出让、建设阶段的规费标准等方面，适用公共租赁住房的相关政策。

（四）完善安居型商品房制度。

合理划定户籍家庭租购安居型商品房收入财产限额。完善安居型商品房的分配制度，实行批次集中配租配售，根据每批房源的供应情况，综合考虑申请人在深缴纳社保时间等因素设定入围条件，以轮候、抽签、摇号等公开透明的方式确定租售对象。

（五）**建立人才住房和安居型商品房封闭流转制度。**

出售的人才住房和安居型商品房在一定年限内实行封闭流转。封闭流转期间，因另购市场商品住房等法定事由或自身原因需要转让的，应当面向其他符合申购条件的对象转让，或由政府按规定回购。

购房人自购房之日起累计在深缴纳社保满15年，或者年满60周岁且购房满10年，符合我市人才安居办法、安居型商品房建设和管理办法等规定条件的，其所购人才住房或安居型商品房经政府批准后可以进入市场流转，但应当向政府缴纳一定比例的增值收益。

（六）**大力发展住房租赁市场。**

建立全市统一的住房租赁交易服务监管平台，将各类租赁住房房源有序纳入平台交易，提供真实、透明、便捷、安全的租赁信息服务，减少中间收费环节，强化住房租赁信用管理和市场监测，引导市场合理定价，逐步实现租赁房源全覆盖、租赁环节全打通、公共服务全纳入。建立住房租赁纠纷调处机制，切实保障租赁利益相关方合法权益。

加快制定住房租赁管理政策法规，大力培育租赁住房供应主体，支持专业化、机构化住房租赁企业发展。鼓励发展长期租赁，支持房地产开发企业、金融保险机构、房地产经纪机构、物业服务企业等拓展住房租赁业务，调动各类主体建设筹集租赁住房的积极性，多渠道增加租赁住房。

（七）促进房地产市场平稳健康发展。

优化市场商品住房供应户型结构，加大中小户型普通商品住房供应。正确引导居民住房消费观念,保障合理自住需求，抑制投资投机性行为。

保持房地产调控政策的连续性、稳定性，严格落实各项调控措施。规范房地产市场秩序，坚决查处开发、销售、交易、中介等环节的违法违规行为。健全房地产统计和监测预警体系，防范房地产金融风险。综合运用金融、土地、财政、投资、立法等手段，加快建立适应市场规律的基础性制度和长效机制。

（八）加强人才住房、安居型商品房和公共租赁住房分配管理。

健全诚信申报和信息公示制度，完善准入和退出机制，强化用人单位的管理责任，引入社会监督，确保人才住房、安居型商品房和公共租赁住房的公平分配。严肃查处骗租骗购、转租转售、重复享受住房保障等违法违规行为，并将违法违规信息纳入全国信用信息共享平台，让失信人处处受限。

根据实际需要和市场变化情况，合理调控各类住房的供应节奏，并酌情对人才住房、安居型商品房、公共租赁住房等住房类型进行适当的转换。

（九）加大住房货币补贴和住房金融创新力度。

住房租赁补贴、人才安居补贴等货币补贴纳入市、区财政预算。根据经济社会发展水平、政府财政状况以及居民住房消费能力等因素，合理确定货币补贴的发放标准和发放规模，并实行动态调整。

深化住房公积金制度改革，探索建立住宅政策性金融机构，为市民租购住房提供长期稳定的政策性金融支持。稳步推进房地产投资信托基金试点，支持金融机构创新住房金融产品和服务。

（十）全面提升住房品质和物业服务水平。

坚持新建住房与市政公用配套基础设施、公共服务设施同步规划、同步建设、同步交付使用，建设住房质量更加优良、交通出行更加便捷、教育医疗更加完善、文化体育设施更加完备、人居环境更加舒适的宜居社区。

加强街道党工委、社区党委、社区工作站、社区居民委员会对业主大会、业主委员会和物业服务企业的指导监督，形成党委领导下的政府治理、专业服务和社区自治良性互动格局。加快完善物业管理法规政策体系，维护业主和租户合法权益，切实做到同一住宅区居民共享公共服务配套设施，促进邻里和谐。全面推进绿色物业和智慧社区建设，打造和谐、美丽、宜居的幸福家园。

六、工作保障

（一）加强组织领导。

成立由市政府主要负责同志任组长的市深化住房制度改革工作领导小组，统筹全市住房制度改革工作，负责研究落实中央、省关于住房制度改革的方针政策，充分发挥组织领导、统筹协调等作用。

（二）加强政策衔接。

加快修订《深圳市人才安居办法》《深圳市安居型商品房建设和管理暂行办法》，制定深圳市公共租赁住房建设和管理办法，妥善解决公共租赁住房、安居型商品房在册轮候家庭租购住房的问题，确保住房制度改革平稳过渡、新旧政策有序衔接。

（三）加强信息共享。

加快形成住房租赁、房地产交易、不动产登记、住房公积金、房屋安全、物业服务、网格化管理和居民家庭经济状况核对等信息化平台的互联互通、信息共享和业务协同，加强住房市场和监管服务的信息公开，主动接受社会监督。

（四）加强资金保障。

加大财政投入，按照不低于当年度土地出让净收益的 10% 安排资金，统筹用于安居工程建设。鼓励社会资本参与人才住房、安居型商品房和公共租赁住房建设筹集和运营管理。

（五）加强宣传引导。

加大宣传力度，做好政策解读，及时释疑解惑，提高政策透明度，增进公众对住房制度改革工作的理解与支持，为深化住房制度改革营造良好的舆论氛围。

（六）加强考核管理。

深化强区放权改革，加强区级住房保障力量，按照全市统筹、属地管理原则，完善市、区协调推进机制。健全考核评价体系，将住房供应与保障工作纳入政府绩效考核内容，加强对各单位履责情况的检查和督办。

附件：住房实物供应类型一览表

深圳市人民政府

2018年7月27日

（附表）住房实物供应类型一览表

住房类型		供应比例	供应形式	供应对象	面积标准	价格
市场商品住房		40%左右	可租可售	符合条件的各类居民	中小户型为主	继续实施宏观调控
政策性支持住房	人才住房	20%左右	可租可售	符合条件的各类人才	建筑面积小于 90 ㎡为主	租售价格为市价 60%左右
政策性支持住房	安居型商品房	20%左右	可租可售以售为主	符合收入财产限额标准等条件的户籍居民	建筑面积小于 70 ㎡为主	租售价格为市价 50%左右
公共租赁住房		20%左右	只租不售	符合条件的户籍中低收入居民、为社会提供基本公共服务的相关行业人员、先进制造业职工等群体	建筑面积 30—60 ㎡为主	租金为市场租金 30%左右；特困人员、低保及低保边缘家庭租金为公共租赁住房租金 10%

后 记

2018年是中国改革开放四十周年。四十年来，深圳以敢闯敢试的改革创新精神，为中国的改革开放和市场经济体制的建立和完善积累了许多宝贵经验，做出了重要贡献。住房制度改革，尤其是住房保障制度的建立是深圳社会主义市场经济体制建立和完善的重要组成部分，是事关经济社会发展稳定和人民安居乐业的重要改革。深圳从20世纪80年代起，就对住房制度进行了一系列改革探索，形成了独特的住房保障制度，为全国的住房制度改革提供了丰富的经验。同时，由于种种原因，在改革探索过程中也出现过一些反复、不足，甚至失误，使深圳住房保障制度难以适应市民，尤其是中低收入群体的实际需要，畸高房价给深圳经济社会发展带来一系列深刻影响。深入分析总结深圳几十年住房制度改革的经验和教训，进一步完善深圳的现代住房制度，应该是一个很重要的研究课题。本书试图客观、实事求是地总结分析几十年来深圳在住房制度和房价调控中的经验教训和利弊得失，并提出进一步创新深圳住房保障制度，完善商品房价格调控机制的一些意见和建议。

本书于2018年7月动笔，在写作过程中进行了大量的资料搜集工作，参考了有关部门、个人的研究成果和统计资料。2019年1月初稿完成后，深圳市住房和城市建设发展中心理事长胡建文同志、深圳市住房研究会会长陈蔼贫同志、深圳市房地产研究中心主任王峰同志等有关专家对初稿提出了宝贵的修改意见。由于作者过去对深圳住房保障制度改革缺乏系统的跟踪研究,也未深度参与住房制度改革和住房体系建设的实践，所提意见和建议未必客观正确，错漏在所难免，恳请读者批评指正。

程颖博、黄婷、袁婷婷、姜力榕等同志对本书写作提供了大力帮助，国家行政学院出版社严谨、规范、认真的编辑审核工作对本书的编写出版提供了有力支撑，林立先生对本书印刷出版提供了大力支持。在此一并表示感谢!

作 者

2019年4月17日